依法治企教育丛书

铁路企业经营管理典型法律纠纷案例选编

（第二辑）

中国铁路郑州局集团有限公司　编

中国铁道出版社有限公司
CHINA RAILWAY PUBLISHING HOUSE CO., LTD.

内 容 简 介

本书以简明扼要的方式介绍了近年来铁路企业处置的各类经营管理法律纠纷案例的基本情况、案件焦点及判决情况。针对案例本身所体现出来的特点,从铁路企业的视角,对案例进行深入挖掘和解读,提炼归纳出对办理同类案件和对规范铁路企业经营管理行为的启示。

本书适合铁路企业管理人员和法务人员阅读。

图书在版编目(CIP)数据

铁路企业经营管理典型法律纠纷案例选编. 第二辑/中国铁路郑州局集团有限公司编. —北京:中国铁道出版社有限公司, 2023. 2

(依法治企教育丛书)

ISBN 978-7-113-29865-4

Ⅰ. ①铁… Ⅱ. ①中… Ⅲ. ①铁路企业-企业经营管理-案例-汇编-中国 Ⅳ. ①F532. 6

中国版本图书馆 CIP 数据核字(2022)第 228113 号

书　　名: 铁路企业经营管理典型法律纠纷案例选编(第二辑)
作　　者: 中国铁路郑州局集团有限公司

责任编辑: 安　琪　　　**编辑部电话:** (010)63583273
封面设计: 刘　莎
责任校对: 安海燕
责任印制: 高春晓

出版发行: 中国铁道出版社有限公司(100054,北京市西城区右安门西街 8 号)
网　　址: http://www. tdpress. com
印　　刷: 河北宝昌佳彩印刷有限公司
版　　次: 2023 年 2 月第 1 版　2023 年 2 月第 1 次印刷
开　　本: 880 mm×1 230 mm 1/32　**印张:** 6. 625　**字数:** 180 千
书　　号: ISBN 978-7-113-29865-4
定　　价: 38. 00 元

编　委　会

主　　编：任永明

副 主 编：王国栋

编写人员：洪卢宁　杨嵩峰　李家灵　宋宇辉

武萃贤　周　瑀　王晨璐　张晴晴

王晨露　王慕璇　何　凡　聂士伟

前　言

为深入践行全面依法治国基本方略，顺应铁路企业依法治企实践需要，中国铁路郑州局集团有限公司（以下简称集团公司）大力推进法治郑铁建设，广泛开展法治宣传教育。

秉持“助力企业发展、服务职工群众”宗旨，本书编委会通过整理近年集团公司经营管理典型法律纠纷案例、总结纠纷处置经验做法，编撰了“依法治企教育丛书”，以期发挥典型引导、案例警示作用。今年，我们遴选了2021年度集团公司30个法律纠纷案例，供干部职工学习借鉴。在本次编撰中，我们注重精简内容观点，力求控制篇幅；列明法律条文，释明修订变化；挖掘背后原因，提炼指导意义；启迪读者思考，提供参考借鉴。

鉴于铁路法律纠纷案件的复杂性和多样性，本书难免存在不足之处，衷心希望铁路企业法律人员和经营管理人员多提宝贵意见。特此，谨向为本书编撰给予建议与帮助的单位、部门和人员表示衷心感谢。

本书编委会

2022年12月

目　　录

第一编　主动维权编

第一类　客运职工主动维权

职工遭遇旅客伤害　企业帮助主动维权

——苏某诉王某侵权纠纷案

【案件基本信息】

原告:苏某。

被告:王某。

案由:侵权纠纷。

裁判文书字号:(2021)豫0482民初8806号民事判决书。

【基本案情】

原告诉称:原告苏某系中国铁路某局集团有限公司某车务段某车站客运职工。2020年11月15日14时27分,原告在工作期间,被被告王某无故殴打,因感觉身体严重不适,于当日15时左右到某市第一人民医院治疗。当日,经某市第一人民医院诊断,确诊为:腹部踹击伤,盆腔少量积液。在治疗期间,原告共产生西药费、影像检查费、化验费等费用890.88元,交通费470元。原告为维护合法权益,请求某市人民法院判令被告向原告公开赔礼道歉,赔偿医疗费等890.88元,精神损失费1元,交通费470元,合计1 361.88元,并承担诉讼费用。

被告辩称:当时是因为害怕进不去站,错过开车时间,我就趁别人刷脸的时候一起进去了,想着上车会再次查票。但原告拉着我的长包带不放手,也不说话,后来她把我拉翻在地,我的脚伸了一下,但并没有碰到她的肚子,大概碰到她的腿。是原告主动先打的我,在我被打翻在地的情况下,我的脚碰到了她的身体,因此原告身体的损害所产生的医疗费,应该由她自己承担。另外因为此事,我被关了一天,我要求原告赔偿我精神恐吓费、误工费、医疗费及背包损失100元。

法院审理查明:2020年11月15日14点27分,原告苏某在某车站进站口闸机检票作业过程中,被被告王某致伤。后被告王某因扰乱公共场所秩序,被民警查获。2020年11月16日,郑州铁路公安局洛阳公安处作出郑铁洛公(治)刑罚决字〔2020〕04号行政处罚决定书,给予王某行政拘留五日的处罚,原告苏某因受伤在某市第一人民医院治疗,在该院原告被确诊为:腹部踹击伤,盆腔少量积液。

【案件焦点】

案件焦点:被告是否应当赔偿原告的相关损失。

观点1:公民享有生命健康权,侵害公民身体造成伤害的,应当赔偿医疗费等费用。根据某铁路公安局某公安处出具的行政处罚决定书,被告王某因扰乱公共场所秩序致原告苏某受伤,应当赔偿原告苏某的合理损失。

观点2:原告苏某主动拉扯被告王某至被告王某倒地,而被告并无伤害原告的故意,也未造成原告损伤,原告的损失与被告无因果关系,不应由被告承担。

【法院裁判要旨】

法院认为:被告王某因扰乱公共场所秩序致原告苏某受伤,被告王某应对原告苏某的合理损失1 090.88元承担赔偿责任。原告的其他诉讼请求,因证据不足,本院不予支持。

判决结果:

2021年12月,某市人民法院判决:

1. 限被告王某于本判决生效后十日内赔偿原告苏某医疗费、交通费等各项损失共计1 090.88元。

2. 驳回原告苏某的其他诉讼请求。

由于本案适用小额诉讼的程序审理,该判决为终审判决。

【指导意义】

对办理同类案件的意义：

1. 面对侵犯职工权益事件，积极采取多种手段维护职工合法权益。本案中，职工苏某在正常工作中遭遇旅客伤害，其所在单位不仅第一时间安排送医治疗，积极为其办理了工伤认定相关手续，还主动协调公安部门出具证明文件，调取了相关行政处罚决定书。相关资料不仅证明了苏某被侵害的事实，也证明了损害事实与被告王某之间存在因果关系，都是该案胜诉必不可少的关键证据。此外，目击证人的证言也可作为证明案情的证据，收集书面证言时，应由证人签字盖章并留存证人身份信息。

2. 培养干部职工证据意识，有效利用录音录像设施设备固定证据。随着科技水平的不断提升，越来越多的录音录像设施设备被安装到铁路生产工作岗位。有些职工对于这些录音录像设备是存在抵触情绪的，认为是一种监视。但事实上，它们能够真实记录工作岗位上的各种图像和声音，在发生争议时，是非常直观的能够被法院采纳的直接证据。本案中，在双方对基本案情各执一词时，清晰的监控视频有力地证明了我方的主张。因此，铁路企业应当加强对职工证据意识的培养，从应对纠纷的角度，教会职工正确使用录音录像设施设备。

对规范铁路企业经营管理行为的意义：

1. 建立应急处置流程，规范处置突发事件。铁路运输企业作为铁路运输服务的提供者，需要长期与大量旅客、货主面对面接触。为了维护旅客、货主的合法权益，也为了铁路职工利益不受损失，铁路企业应当规范建立突发事件应急处置流程，加强演练，确保在突发事件发生时，及时反映、规范处置，最大程度减少损失。本案中，王某向阻拦其闯闸行为的苏某踹击十余次后才被人制止，值得我们深入反思。

2. 加强路外宣传引导，树立铁路正面形象。为了提供更优质的铁路运输服务，近年来，铁路企业不断运用先进技术推动服务革新。本案中出现的人脸识别自动检票设备就是其中之一。王某在答辩中称，其闯闸是因为害怕进不了站,这种错误认知一定程度上基于其对新设备的不了解以及对铁路企业的负面印象。如果能从根源上解决这些问题,也能有效避免类似事件的再次发生。因此,作为铁路企业,应当利用多种渠道加强宣传,不断提升社会对铁路企业的认可度和满意度。

【法规链接】

案件裁判法律依据:

1.《中华人民共和国民法典》(2021年1月1日起施行)

第一千一百六十五条　行为人因过错侵害他人民事权益造成损害的,应当承担侵权责任。

依照法律规定推定行为人有过错,其不能证明自己没有过错的,应当承担侵权责任。

2.《中华人民共和国民事诉讼法》(2022年1月1日起施行)

第一百六十二条　基层人民法院和它派出的法庭审理简单的民事案件,可以用简便方式传唤当事人和证人、送达诉讼文书、审理案件,但应当保障当事人陈述意见的权利。

第一百六十五条　基层人民法院和它派出的法庭审理事实清楚、权利义务关系明确、争议不大的简单金钱给付民事案件,标的额为各省、自治区、直辖市上年度就业人员年平均工资百分之五十以下的,适用小额诉讼的程序审理,实行一审终审。

第二类　土地房产主动维权

从第三人处非法买卖土地不能成为侵占铁路用地的理由

——某局集团公司诉丁某、杨某物权保护纠纷案

【案件基本信息】

原告:中国铁路某局集团有限公司。

被告:丁某,杨某。

案由:物权保护纠纷。

裁判文书字号:(2018)豫1381民初3374号民事裁定书,(2019)豫1381民初2748号民事判决书,(2020)豫13民终7175号民事判决书。

【基本案情】

原告诉称:原某火车站区机井院在2011年办理了土地使用权证(土地证号为邓国用(2011)第0063号),使用权归原告中国铁路某局集团有限公司(以下简称某局集团公司)所有,用途为铁路用地,使用类型为划拨。被告丁某在案涉地块闲置院内长期开设养猪场,并建有临时住房及猪舍若干。2010年12月,被告丁某未经原告同意私自以17.5万元价格将该土地出售给被告杨某。2013年9月,杨某以案涉土地为自己购买为由,未经某局集团公司同意,擅自侵占此块铁路用地497.56平方米,组织农村建筑队在该土地上建造两栋二层住宅房屋约800平方米,且大部分已出售他人居住。2014年5月份,某局集团公司得知土地被杨某侵占并违法建房后,多次要求其停止侵权、拆除房屋,

同时到相关部门投诉，均无果，后某局集团公司诉至法院，请求依法判令二被告停止侵权、拆除违章建筑、恢复原状，并赔偿损失25 000 元。

被告丁某辩称：本人并没有侵害原告物权。其本人从 20 世纪 80 年代开始在集体土地上养猪，建有部分房屋和猪舍，不知道猪场被某局集团公司征用。其转让给杨某的不是土地使用权，而是养猪场和附属房屋及其设施，至于后来杨某干了什么其本人并不了解情况。原告某局集团公司诉其侵权不成立，应驳回起诉或诉讼请求。

被告杨某辩称：首先，纠纷所涉土地是其于 2010 年从丁某手中以 17.5 万元购得，双方签订有土地买卖协议，所涉土地的直接侵权人是丁某，其本人与原告某局集团公司没有任何法律关系。其次，该土地已于 2014 年 3 月 3 日及 2014 年 4 月 22 日向某市规划局共缴纳罚款 37 000 元，保存有规划局出具的三张发票，房屋已接受过政府职能部门处罚，该案系物权纠纷，原告以房屋为违章建筑为由要求拆除房屋并无依据。再次，自 20 世纪 80 年代丁某在此处建立养猪场至 2013 年房屋建成，期间已经过二十多年，某局集团公司一直没有追究，该案已超过诉讼时效。最后，其购买该处土地时丁某确实在该土地上建有猪场，其也向邻居和组里打听过，都说养猪场 20 世纪 80 年代已建成，土地属丁某所有。原告某局集团公司的不作为导致其购买了无权属的土地，并在不知情的情况下将房屋建成，原告也负有相应责任，且房屋所占的土地一部分也不属于某局集团公司，现在原告要求拆除房屋，其和住户将承受巨大的损失，其本人非侵权责任人，要让其及住户遭受重大损失不合理。

法院审理查明：原某火车站区机井院在 2011 年办理了土地使用权证（土地证号为邓国用〔2011〕第 0063 号），使用权归某局集团公司，用途为铁路用地，使用类型为划拨。被告丁某在此闲置院内长期开设养猪场，并建有临时猪舍若干。2010 年 12 月，被告丁某以 17.5 万元价格将该猪场出售给被告杨某。2013 年 9 月起，杨某组织农村建筑队在该土地上建住宅房屋两栋，每栋两层，每层三户，共十二户，占地 497.56 平方米，大部分房屋已出售给他人居住。在建房过程中，经原告方工作人员投诉,某市规划局对杨某罚款 37 000 元,没有采取其他强制措施阻止和拆除,原告此间多次找到被告杨某等人要求其停止侵权,拆除房屋,同时也到公安、土地、城建等相关部门进行投诉,某市自然资源局一直处于立案处理状态,因迟迟无结果,原告遂起诉至法院。

【案件焦点】

案件焦点一:杨某与丁某之间的土地买卖协议能否成为其占用铁路用地的理由。

观点 1:土地买卖协议无效,对土地使用权人不产生效力。根据《中华人民共和国土地管理法》第二条第三款规定:“任何单位和个人不得侵占、买卖或者以其他形式非法转让土地。”本案中,丁某在某局集团公司不知情的情况下,私自以 17.5 万元的价格,将位于焦柳线原某火车站区机井院 453.7 平方米铁路用地出售给杨某的行为应认定为无效,对土地使用权人某局集团公司不产生效力。

观点 2:土地买卖协议有效,可以对抗土地使用权人的物上请求权。杨某辩称,案涉土地是自己以 17.5 万元价格从丁某手中购买所得,双方签订有买卖协议,案涉土地的直接侵权人是丁某,其本人与某局集团公司没有任何法律关系。

案件焦点二:长期事实占有行为是否会导致土地使用权超过诉讼时效。

观点 1:事实占有行为可以导致土地使用权超过法定的诉讼时效。被告杨某辩称,自 20 世纪 80 年代丁某在案涉土地上建立养猪场至 2013 年其自建房屋建成,期间已经过二十多年,某局集团公司一直没有追究。故某局集团公司返还原物请求权已超过诉讼时效。

观点 2:事实占有行为不能导致土地使用权超过诉讼时效。根据《中华人民共和国物权法》第一百九十六条(现已废止,相关规定见《中华人民共和国民法典》第一百九十六条)规定,下列请求权不适用诉讼时效的规定,第(二)项“不动产物权和登记的动产物权的权利人请求返还财产”。铁路用地属于不动产物权,返还原物请求权不受诉讼时效限制,事实占有并不能中断、中止诉讼时效。

【法院裁判要旨】

一审法院以此案属铁路法院专属管辖为由裁定不予受理原告某局集团公司的起诉。某局集团公司上诉至某市中级人民法院,某市中级人民法院裁定一审法院受理。

一审法院认为:

原某火车站区机井院在2011年办理了土地使用权证(土地证号为邓国用(2011)第0063号),使用权归原告所有,用途为铁路用地,使用类型为划拨。被告丁某在此闲置院内长期开设养猪场,并建有临时猪舍若干。2010年12月,被告丁某以17.5万元价格将该猪场出售给被告杨某。2013年9月起,杨某组织农村建筑队在该土地上建住宅房屋两栋,每栋两层,每层三户,共十二户,占地497.56平方米,大部分房屋已出售给他人居住。在建房过程中,经原告方工作人员投诉,某市规划局对杨某罚款37 000元,没有采取其他强制措施阻止和拆除,原告此间多次找到被告杨某等人要求其停止侵权,拆除房屋,同时也到公安、土地、城建等相关部门进行投诉,某市自然资源局一直处于立案处理状态。法院认为,国家、集体、公民的合法财产应受法律保护。某局集团公司经划拨取得的土地使用权系合法取得并取得了土地使用权证书。被告杨某长期侵占并建房的行为严重侵害了原告的权利。现原告要求停止侵害,恢复原状,排除妨害,本院予以支持,关于赔偿损失的请求因原告未提供扎实证据确定损失的具体数额,暂无法支持,可另行主张处理。被告丁某的行为违反有关法律规定,但目前没有直接侵占和利用该土地。原告的诉讼请求虽与其有关联,却无法承载行为之债。

一审判决结果:

2020年9月,某市人民法院判决:

1. 被告杨某于判决书生效后三十日内将其侵占原告某局集团公司位于某站区证号为邓国用(2011)第0063号的497.56平方米土地使

用权恢复原状,拆除自建的附属物,返还给原告。

2. 驳回原告某局集团公司的其他诉讼请求。

原告不服一审判决,向某市中级人民法院提起上诉。

二审法院认为:

1. 一审法院在审理(2018)豫1381民初3374号案件过程中,杨某通过地址确认书已明确了送达地址。一审在本案诉讼中以该地址送达不能的情况下,适用公告送达程序合法。

2. 杨某认可自己在邓国用(2011)第0063号土地使用权证证载范围内占地建房的事实,但认为某局集团公司取得该土地使用证存在程序违法。因本案属民事诉讼,土地使用权证颁发是否合法,不属本案审理范围。在未经法定程序否定该证效力情况下,该证为有效权属证书,某局集团公司为涉案土地合法使用权人。

3. 依据法律规定,禁止非法买卖土地。本案涉案土地无论其所有权和使用权归属集体或国家,杨某均不能以与丁某签订《土地转让协议》主张合法取得土地。杨某占有该土地后进行建房,并未申请任何土地、规划或建设手续,且认可自2013年11月开始,行政机关多次制止并下发停工通知书,其对自己违法建房行为和后果是明知的,应当承担相应法律责任。

4. 某局集团公司诉讼请求为拆除违法建筑并恢复土地原状,该土地现因杨某建房所占用,拆除违建的责任应当由土地占用人承担,一审法院判决由杨某拆除建筑物后返还土地,认定责任主体适当。

二审判决结果:

2021年3月,某市中级人民法院判决:

驳回上诉,维持原判。

【指导意义】

对办理同类案件的意义:

1. 自然人之间的买卖土地协议无效。《中华人民共和国土地管理法》第二条第三款规定:“任何单位和个人不得侵占、买卖或者以其他形式非法转让土地。土地使用权可以依法转让。”本案中，铁路方主动引用法律规定辩驳被告侵占铁路用地系从第三人处购买所得的主张，得到法院支持。本案二审法院亦主动认定杨某、丁某私自签订的《土地买卖协议》无效。因此，铁路企业在办理此类涉及铁路用地及其他固定资产纠纷案件时，应熟悉铁路土地、房产法律法规，针对对方观点提出反驳意见，引导法院支持己方主张。

2. 形成证据链条是胜诉的关键。本案中，原告方针对铁路用地特殊性，提交了土地权属证、行政机关处置情况说明等七组证据，形成完整的证据链条，得到法院认可，取得了胜诉的结果。因此，铁路企业处理土地房产案件时，应从案件起因及过程细节入手，针对铁路土地核心关键，抽丝剥茧，梳理固定证据，尽量还原事实真相，赢得案件胜诉主动权。

对规范铁路企业经营管理行为的意义：

1. 主动争取地方政府部门支持，依法维护铁路用地合法权益。鉴于铁路企业没有行政强制执法权，即使发现侵害铁路土地、房产权益事实，一般口头、书面等制止行为很难阻止侵害行为。借鉴本案，铁路企业发现侵权行为后，采取报警、投诉等多种形式手段维权，虽未能阻止被告方侵占铁路用地行为，但是形成了震慑，行政机关部门的处置留痕也进一步为诉讼维权提供了扎实有力的证据支撑。

2. 及时通过法律手段解决土地纠纷，避免遗留问题隐患。近年来，路外个人、企业侵占铁路用地事件频频发生。为此，2022 年初，国铁集团、铁路局集团公司安排部署土地、房产维权活动。铁路企业在发现铁路用地被侵占后，应及时做好前期维权工作，将侵权行为遏制在萌芽状态。同时，应根据事态发展，收集固定证据资料，及时起诉维权，以维护铁路用地合法权益。

【法规链接】

案件裁判法律依据：

1.《中华人民共和国民法典》(2021 年 1 月 1 日起施行)

第二百三十三条　物权受到侵害的，权利人可以通过和解、调解、

仲裁、诉讼等途径解决。(对应《中华人民共和国物权法》(2021 年 1 月 1 日废止)第三十二条)

第二百三十五条　无权占有不动产或者动产的,权利人可以请求返还原物。(对应《中华人民共和国物权法》(2021 年 1 月 1 日废止)第三十四条)

第二百三十六条　妨害物权或者可能妨害物权的,权利人可以请求排除妨害或者消除危险。(对应《中华人民共和国物权法》(2021 年 1 月 1 日废止)第三十五条)

第二百三十七条　造成不动产或者动产毁损的,权利人可以依法请求修理、重作、更换或者恢复原状。(对应《中华人民共和国物权法》(2021 年 1 月 1 日废止)第三十六条)

2.《中华人民共和国土地管理法》(2020 年 1 月 1 日起施行)

第二条　中华人民共和国实行土地的社会主义公有制,即全民所有制和劳动群众集体所有制。

全民所有,即国家所有土地的所有权由国务院代表国家行使。

任何单位和个人不得侵占、买卖或者以其他形式非法转让土地。土地使用权可依法转让。

国家为了公共利益的需要,可以依法对土地实行征收或者征用并给予补偿。

国家依法实行国有土地有偿使用制度。但是,国家在法律规定的范围内划拨国有土地使用权的除外。

第三类　合同主动维权

商贸业务要加强过程监管　强化履约盯控

——某铁路实业公司诉某能源公司煤炭买卖合同纠纷案

【案件基本信息】

原告:某铁路实业公司。

被告:某能源有限责任公司。

案由:合同纠纷。

裁判文书字号:(2021)豫7102民初8号民事判决书。

【基本案情】

原告诉称:原告某铁路实业公司于2013年1月7日、2014年2月24日,先后与被告某能源有限责任公司(以下简称某能源公司)签订两份煤炭买卖合同,约定其向被告购买煤炭,合同中约定了收货人名称、发到站、品种规格、质量、交提货时间、数量;并约定交提货方式为车板交货并代办托运,煤炭价格随行就市,实行增值税专用发票和铁路货票二票结算。合同签订后,其按照约定向被告预付了货款,被告向其支付了部分煤炭。截至2014年12月31日,被告对其预付款241.6万元未能交付相应的煤炭。2013年8月23日,其与某市某煤炭公司签订了煤炭买卖合同一份,约定煤炭的交提货方式为车板交货并代办托运,煤炭价格随行就市。截至2014年12月24日,某市某煤炭公司对其预付款261.7万元未能交付相应煤炭。2017年12月25日,某市某煤炭公司注销登记,该预付款261.7万元由被告承担返还义务。原告多次要求被告返还上述预付款,被告均以种种理由不予返还。

被告辩称:原告向其主张返还503.3万元货款及利息无任何事实

与法律依据，应当依法予以驳回。原告提交的债权确认记录表系双方之间的财务行为，不能仅凭该证据认定其欠付原告账款，原告应提供相应的转账记录、收货凭证等予以佐证。关于原告所主张的与某市某煤炭公司有关的货款，某市某煤炭公司已经履行了该批货款相应的货物发送义务，原告主张无事实和法律依据。原告主张其拖欠 241.6 万元预付款与事实不符，其在债权确认记录表中仅确认了 101 万元，而该金额与原告拖欠其 103.4 万元相抵后，其并不欠原告任何款项。

法院审理查明：2013 年 1 月 7 日和 2014 年 2 月 24 日，原、被告先后签订了两份煤炭买卖合同，约定原告向被告购买煤炭，合同有效期分别至 2013 年 12 月 31 日和 2014 年 12 月 31 日，合同中约定了收货人名称、发到站、品种规格、质量、交提货时间、数量、交提货方式、煤炭价格确定方式和结算方式等。合同签订后，原告按照约定向被告预付了货款，被告向原告交付了部分煤炭。2017 年 6 月 30 日，被告在原告提出的债权签认记录上签字，确认其尚欠原告预付款合计 101 万元。

2013 年 8 月 23 日，原告与某煤炭公司（案外人，已注销）签订了煤炭买卖合同，约定原告向某市某煤炭公司购买煤炭，合同有效期至 2013 年 12 月 31 日，合同中约定了交提货时间、数量、交提货方式、煤炭价格确定方式和结算方式等。合同签订后，原告按照约定向某市某煤炭公司预付了货款，某煤炭公司向原告交付了部分煤炭。2017 年 6 月 30 日，原告与某煤炭公司签订债权签认记录，某煤炭公司确认其拖欠原告预付款合计 261.7 万元。某煤炭公司由被告一人投资组建，2017 年 12 月 20 日，被告决定注销某煤炭公司，并出具清算报告，载明某煤炭公司债权债务已清理完毕，如有其他经济纠纷及责任，均由作为投资人的被告承担。2017 年 12 月 25 日，某煤炭公司经工商注销登记。

【案件焦点】

案件焦点：被告是否应当承担某煤炭公司（案外人）煤炭购销预付款的返还义务。

观点1:被告应当就某煤炭公司(案外人)煤炭购销预付款承担返还义务。企业工商登记信息显示,案外人系被告出资成立的一人公司,法律规定被告应对该一人公司债务承担连带责任,且根据原告与案外人签订的债权签认记录及案外人注销清算报告,均明确其债权债务由被告承继。故,案外人应当返还的原告预付款应由被告承担。

观点2:被告不应当就某煤炭公司(案外人)煤炭购销预付款承担返还义务。鉴于案外人已经完成工商注销登记,其债务不应由被告承担。且被告主张其在与原告的债权确认记录表中仅明确确认了101万元,对超出部分不予认可。故案外人应当返还的原告预付款不应由被告承担。

【法院裁判要旨】

法院认为:

原告分别与被告、某煤炭公司(案外人)签订的煤炭买卖合同,是合同双方主体的真实意思表示,合法有效。合同双方均应按照合同约定全面履行自己的义务。原告分别与被告、某煤炭公司(案外人)签订债权签认记录,是双方对履行煤炭买卖合同形成的债权债务的最终确认。

关于原告与被告签订的煤炭买卖合同,被告只签认了101万元债务。原告对其主张的超出部分金额,以及被告主张的上述款项与原告拖欠其的款项相抵后不欠原告任何款项,双方应承担相应的举证责任,原告、被告提供的证据不足以证实自身主张成立,均应承担举证不能的不利后果。

关于原告与某煤炭公司(案外人)签订的煤炭买卖合同,某煤炭公司(案外人)签认其拖欠原告预付款合计261.7万元。被告承诺承担某煤炭公司(案外人)的债务,故本案中某煤炭公司(案外人)对原告的261.7万元债务应当由被告承担。被告关于原告该项诉求没有事实及法律依据的主张不成立。

被告应返还的预付款金额合计362.7万元,被告未及时足额返还,已构成违约，其违约行为必然会对原告造成损失，原告请求支付利息符合法律规定。鉴于被告、某煤炭公司（案外人）分别于 2017 年 6 月 30 日与原告最终确定欠款金额，故应自 2017 年 7 月 1 日起计算逾期还款的利息。

一审判决结果：

2021 年 6 月，某铁路运输法院判决：

被告向原告返还货款 362.7 万元及利息。

被告不服一审判决，向某市中级人民法院提起上诉。

二审审理过程中，上诉人撤回上诉。

二审裁定结果：

2021 年 6 月，某市中级人民法院裁定：

准许上诉人撤回上诉。一审判决自二审裁定送达之日起发生效力。

【指导意义】

对办理同类案件的意义：

1. 合理约定争议解决方式，争取案件处置的主动权。该案虽为买卖合同纠纷，依照法律规定应当适用被告住所地或合同履行地管辖，但案涉合同在签订时，铁路企业以货物系经由铁路实现运输转移为由，明确约定发生争议时由原告所在地铁路运输法院管辖，因此在发生履约纠纷后，可以直接诉至当地铁路法院，为案件审理应诉创造了便利条件。铁路企业遇有同本案类似点多线广的合同时，可借鉴该案，在铁路法院受案范围内发挥铁路法院审理优势，提前在合同中将争议解决方式予以明确，实现降低诉讼成本和实现诉讼效果的双赢。

2. 利用好违约金、质保金等条款，避免增加维权成本。违约金、质保金的数额、标准、适用情形对发生履约争议后双方责任的界定具有重要意义。本案中，正是由于铁路企业在签订合同时对被告未及时发货应当支付的违约金作出了明确约定，才能在审理中得到法院认可，取得了预期的赔偿数额。该案提示铁路企业要充分发挥起草拟定合同文本的主动权优势,对铁路企业设定针对性保护。一旦出现违约苗头,可以利用违约金或质保金条款直接扣除或减免,对相对方形成震慑,同时在法院裁判时也可以更大限度争取己方权益的保护。

对规范铁路企业经营管理行为的意义:

1. 铁路商贸业务要优选结算方式,防范财务风险。要注意区分采购及购销不同类型约定对应的结算方式,加强预付款管理。采购合同首选“先货后款”结算方式,如果采取“先款后货”结算方式,合同约定的预付款额度应按与资信等级对应的预付款额度百分比和授信额度孰低原则确定;销售合同首选“先款后货”结算方式,如果采取“先货后款”结算方式,合同约定的预发货物价值总额应与资信等级对应的应收账款额度百分比和授信额度孰低原则确定,最大限度降低财务风险。

2. 及时将债权金额以签认记录予以固定,是维权诉求得以实现的先决条件。有效的债权债务签认记录对于确认债权金额具有优先效力。本案中,由于原告所主张的债权金额同签认记录数额不一致,又未能提出证据证明超出签认记录的金额客观存在,最终法院仅采纳了签认记录金额标准。该案从侧面提示铁路企业,对于已经发生的债权,要及时以对账单、签认记录等形式予以固定,同时加以有效的签字及印章,确保文书效力,避免在发生争议时陷入有理无据的被动局面。

【法规链接】

案件裁判法律依据:

1.《中华人民共和国民法典》(2021 年 1 月 1 日起施行)

第一百一十九条　依法成立的合同,对当事人具有法律约束力。

第五百七十七条　当事人一方不履行合同义务或者履行合同义务不符合约定的,应当承担继续履行、采取补救措施或者赔偿损失等违约责任。

第五百八十三条　当事人一方不履行合同义务或者履行合同义务不符合约定的,在履行义务或者采取补救措施后,对方还有其他损失的,应当赔偿损失。

2.《最高人民法院关于适用〈中华人民共和国民法典〉时间效力的若干规定》(2021 年 1 月 1 日起施行)

第一条　民法典施行后的法律事实引起的民事纠纷案件,适用民法典的规定。

民法典施行前的法律事实引起的民事纠纷案件,适用当时的法律、司法解释的规定,但是法律、司法解释另有规定的除外。

民法典施行前的法律事实持续至民法典施行后,该法律事实引起的民事纠纷案件,适用民法典的规定,但是法律、司法解释另有规定的除外。

3.《中华人民共和国民事诉讼法》(2021 年 12 月 24 日起施行)

第二十四条　因合同纠纷提起的诉讼,由被告住所地或者合同履行地人民法院管辖。

第三十五条　合同或者其他财产权益纠纷的当事人可以书面协议选择被告住所地、合同履行地、合同签订地、原告住所地、标的物所在地等与争议有实际联系的地点的人民法院管辖,但不得违反本法对级别管辖和专属管辖的规定。

4.《最高人民法院关于铁路运输法院案件管辖范围的若干规定》(2012 年 8 月 1 日起施行)

第三条　下列涉及铁路运输、铁路安全、铁路财产的民事诉讼,由铁路运输法院管辖:

(一)铁路旅客和行李、包裹运输合同纠纷;

(二)铁路货物运输合同和铁路货物运输保险合同纠纷;

(三)国际铁路联运合同和铁路运输企业作为经营人的多式联运合同纠纷;

(四)代办托运、包装整理、仓储保管、接取送达等铁路运输延伸服务合同纠纷;

(五)铁路运输企业在装卸作业、线路维修等方面发生的委外劳务、承包等合同纠纷;

(六)与铁路及其附属设施的建设施工有关的合同纠纷;

(七)铁路设备、设施的采购、安装、加工承揽、维护、服务等合同纠纷;

(八)铁路行车事故及其他铁路运营事故造成的人身、财产损害赔偿纠纷;

(九)违反铁路安全保护法律、法规,造成铁路线路、机车车辆、安全保障设施及其他财产损害的侵权纠纷;

(十)因铁路建设及铁路运输引起的环境污染侵权纠纷;

(十一)对铁路运输企业财产权属发生争议的纠纷。

经营性资产出现履约纠纷要及时启动维权

——某铁道文化传媒有限公司诉某文化传播有限公司广告媒体经营权合同纠纷案

【案件基本信息】

原告:某铁道文化传媒有限公司。

被告:某文化传播有限公司。

案由:合同纠纷。

裁判文书字号:(2021)豫0191民初4868号民事判决书。

【基本案情】

原告诉称:原、被告双方于2016年3月16日签订《广告媒体经营权使用协议》,约定将某局集团公司某车站站台包柱灯箱广告媒体经营权交于被告使用,期限为2016年5月1日至2018年4月30日,使用费为每年180万元。合同签订后,被告支付120万元广告媒体发布费用,并缴纳5万元履约保证金。在合同履行过程中,鉴于被告经营困难合作无法继续,双方于2018年1月16日签订《解除协议》,约定于2017年5月1日提前终止原合同,经核对账目显示,被告尚欠60万元合同款未支付,考虑各种原因,如被告在2018年3月30日前付清30万元,则原告予以减免剩余30万元,但被告仍迟迟不予支付,原告于2018年8月16日委托律师事务所发送催款律师函。因被告始终未支付拖欠费用,原告诉至法院。

被告未到庭,也未提交书面答辩意见。

法院审理查明:2016年3月16日,某铁道文化传媒有限公司(甲方)和某文化传播有限公司(乙方)签订《广告媒体经营权使用协议》,合同约定将某局集团公司某车站站台包柱灯箱广告媒体经营权交于乙方使用,期限为2016年5月1日至2018年4月30日,使用费为每年180万元,为保证合同正常履行,乙方向甲方缴纳保证金5万元。2017年2月24日,被告向原告出具《付款计划》一份,主要内容为双方签订的关于某车站站台包柱灯箱广告发布合同有关条文的相关约定,恳请原告考虑其实际经营情况,延期至2017年4月30日前支付90万元合同款,以后将严格按照合同积极履约。2018年1月16日,原告与被告签订《〈广告媒体经营权使用协议〉解除协议》,主要内容为,双方协商同意于2017年5月1日提前终止原协议,按照原协议条款被告应支付合同款180万元,实际履约过程中被告已支付120万元,原合同终止前,考虑到因灯箱设备故障原因给被告实际经营带来一定影响,经协商,原告免除2个月的广告发布费30万元作为补偿,减免费用折抵后被告仍需支付广告媒体使用费30万元,被告承诺于2018年3月30日前向原告付清,逾期未全额支付,该合同无效自动解除,原告有权取消核减费用并依法提起诉讼。2018年4月18日,被告向原告出具《还款计划承诺书》一份,主要内容为,根据双方签订的解除协议,被告应于2018年3月30日前付清结余款项30万元,由于公司资金周转困难,特作如下申请:(1)协议款项申请延期至2018年6月30日前;(2)我方承诺2018年5月31日前付款5万元,剩余款于2018年6月30日前付清,如再违约,我方愿承担合同全部违约责任。2018年8月16日,原告委托律师事务所制作《律师函》一份,主要内容为:因被告未能在2018年3月30日前付清30万元,原告取消核减费用30万元,被告仍需支付广告媒体使用费30万元,因被告至今未偿还拖欠广告媒体使用费60万元,现发函,请被告收函后派员与原告洽谈还款事宜,否则,原告将诉诸法律维护企业权益。2018年8月21日被告在函件左下方签字确认已收到原件。后因被告一直未付款,原告于2020年12月28日提起诉讼,要求判令被告支付拖欠合同款及相关利息。

【案件焦点】

案件焦点：被告应支付广告媒体经营权拖欠费用如何认定。

观点1：被告应支付拖欠合同款60万元。根据合同实际履行情况，被告尚有60万元合同款未支付，且被告在2017年2月24日出具的《付款计划》显示，被告对欠款60万元的事实表示认可，并通过延期付款申请明确表明其还款意愿。故，对于被告拖欠款项应以60万元进行认定。

观点2：被告应支付拖欠合同款30万元。根据原、被告于2018年1月16日签订的《解除协议》显示，双方约定对于原合同履行期间因灯箱设备故障原因给被告造成的实际经营影响，给予2个月的减免。故被告应以减免后的30万元认定拖欠费用。

【法院裁判要旨】

法院认为：

依法成立的合同对当事人具有约束力，违约方应当承担相应责任。当事人对自己提出的诉讼请求所依据的事实或反驳对方的诉讼请求所依据的事实有责任提供证据加以证明。没有证据或证据不足以证明当事人事实主张的，由负有举证责任的当事人承担不利后果。原、被告之间签订的《解除协议》及被告出具给原告的《还款计划承诺书》均系当事人真实意思表示，内容不违反法律、行政法规的强制性规定，合法有效，双方均应按照合同约定全面履行自己的义务。该承诺书已明确载明如被告再违约，愿意承担合同全部违约责任，但原告自2017年1月13日至2017年2月23日期间无法提供上刊业务，双方的解除协议中原告也认可给被告造成影响并减免30万元，该部分款项不应再予支持，因此，对于原告主张被告支付双方在解除协议中约定的剩余合同款30万元予以支持，其余部分不予支持。因被告逾期付款给原告造成损失，对原告主张的利息，予以支持。

一审判决结果：

2021年5月，某区人民法院判决：

被告向原告支付合同款30万元及利息。

被告不服一审判决,向某市中级人民法院提起上诉。

二审审理过程中,上诉人撤回上诉。

二审判决结果:

2021年6月,某市中级人民法院裁定:

准许上诉人撤回上诉。一审判决自二审裁定送达之日起发生效力。

【指导意义】

对办理同类案件的意义:

1. 经营性资产存在履约纠纷时要及时启动维权,避免潜在损失进一步扩大。广告媒体资源作为铁路经营性资产的重要支柱,一旦出现瑕疵履约无法在短时间内协商解决,将会直接影响资产资源创收创效。本案中,铁路传媒公司在签认还款计划、发送律师函等维权手段未能达成效果后,立即诉请清偿,并取得良好成效。借鉴本案,铁路企业要及时梳理掌握经营性资产合同不正常履约情形,对债权债务的风险进行监控,发生争议要积极解决,发现可能造成损失的,及时组织清欠,避免经营性资产因存在争议影响招商进程,造成资源闲置。

2. 全面充分留存合同履约违约关键证据,打好胜诉基础。民事诉讼中,全面充分掌握证据是获得案件胜诉的决定因素,因此铁路企业应注意收集和保存证据,以备纠纷进入仲裁或诉讼后有充足的证据。特别是对如本案涉及的广告经营权等事项,合同标的额大,履行期长,故而更加需要注意固定和收集合同双方沟通协商所产生的证据,如往来函件、单据凭证、聊天记录、签认记录等。本案中,正是因为铁路企业充分举示了付款计划、还款承诺书、对账签认等财务凭证和业务往来,力证了被告方的还款义务具有事实依据,最终得到法院支持,类似主动维权案件的证据准备值得铁路企业借鉴。

对规范铁路企业经营管理行为的意义:

1. 拟定合同条款时要兼具严密性和准确性,避免出现歧义。合同条款的语言逻辑严密性直接关系到合同文本解释的结果和应用。本案中，双方在签订还款补充协议时，既约定了因存在影响合同正常履约情形故而予以被告减免，又约定了如被告未按期还款则取消减免费用，前后条款矛盾，标准不一，造成在审理裁判时诉讼请求未能完全得到法院支持。该案从侧面提示，铁路企业要进一步加强合同管理，提高对于合同文本重要性的认识，避免因合同条款约定不清、主要事项规定不详，引发合同纠纷的情况发生，有效控制经营合同风险。

2. 针对新冠肺炎疫情常态化背景，对影响履约情况提前制定预案。从当前形势看，新冠肺炎疫情带来的后续影响仍未消弭，铁路企业要提前着手，制定预案，有效应对新冠肺炎疫情给合同履行带来的法律风险。对于尚未签订的合同，需考量疫情的影响，在合同条款中增加本次新冠肺炎疫情作为不可抗力的约定，并对合同履行期限及履行方式做更为细化的约定，以降低履约风险。对于受到疫情或防控措施影响无法履行确需解除的合同，应当根据合同类型积极采取减损措施，防止损失扩大，避免加重自身责任。

【法规链接】

案件裁判法律依据：

《中华人民共和国民法典》(2021 年 1 月 1 日起施行)

第一百一十九条　依法成立的合同，对当事人具有法律约束力。

第五百七十七条　当事人一方不履行合同义务或者履行合同义务不符合约定的，应当承担继续履行、采取补救措施或者赔偿损失等违约责任。

未按约定支付房租　依法应承担法律责任

——某地产置业有限公司诉王某房屋租赁合同纠纷案

【案件基本信息】

原告:某地产置业有限公司。

被告:王某。

案由:租赁合同纠纷。

裁判文书字号:(2021)豫0103民初3087号民事判决书。

【基本案情】

原告诉称:2018年4月27日,原、被告双方签订了房屋租赁合同,约定将某市交通路143号二楼房产出租给被告使用,该房屋建筑面积762.25平方米,租赁期限从2018年4月1日至2020年3月31日止,合同总金额为763 581元。直至诉讼前被告尚欠合同期内的396 001元未支付;由于合同到期后,被告一直占用租赁房屋,按合同最后年度租金标准394 701元计算,2020年3月31日至2021年2月28日,被告仍拖欠租金363 000元。迄今,被告拖欠原告租金总计759 001元(396 001元+363 000元=759 001元)。合同约定被告拖欠房租累计1个月以上的,原告有权按照合同年租金394 701元的20%要求被告支付违约金共计78 940.2元。被告拖欠原告租金及违约金总计837 941.2元(759 001元+78 940.2元=837 941.2元)。因合同期限早已届满,现要求被告腾空、搬离租赁房屋。综上,原、被告租赁合同到期后,被告一直拖欠租金,虽经催收并要求其腾空、搬离的情况下,被告却置之不理。为维护原告的合法权益,故向法院起诉。

被告辩称：

1. 被告2018年4月1日租赁房屋之前，曾经按照招标要求向原告账户缴纳过15 000元的竞拍保证金，该保证金应冲抵租金。

2. 被告因新冠肺炎疫情导致不能正常使用租赁房屋，疫情是自然灾害的一种，属于不可抗力，原告应当适当减免租金的收取。2020年1月25日，河南省启动重大突发公共卫生事件应急响应，要求采取停工、停业、停课等强制控制措施。自2020年3月19日0时起，河南省重大突发公共卫生事件应急响应级别由一级调整为二级。自2020年5月6日0时起，河南省重大突发公共卫生事件应急响应，级别由二级调整为三级。因受新冠肺炎疫情影响，从2020年1月底到2020年5月初，被告一直封闭没有经营，2020年5月才可以正常上课。被告经营的行业属于儿童业态，且原告在疫情期间对所有商户均有租金优惠政策，也应考虑被告实际经营的行业予以部分减免。

3. 被告与原告签订的租赁合同中第11条约定租赁期间因属于不可抗力的自然灾害导致不能使用租赁房屋，本合同可暂缓履行或自然终止，互不承担责任，双方协商解决。原告主张年租金20%的违约金过高，违约金是用于弥补损失，另外也应当考虑到2020年1月25日至2020年5月6日期间受疫情影响对被告经营造成的损失，根据公平原则应当对违约金予以减免。

法院审理查明：

2018年4月27日，原告与被告王某签订《房屋租赁合同》一份，载明：甲方同意出租且乙方同意承租位于某市某区交通路143号二楼房屋，建筑面积762.25平方米，房屋用途为教育培训。租赁期限自2018年4月1日起至2020年3月31日止，共24个月。在2016年9月1日至2018年3月31日期间，由于乙方实际使用该房屋，应缴纳房屋租金570 000元(已支付完毕，未在本案主张)。本合同第一年租金为368 880元，乙方应于每季度初缴纳租金92 220元；第二年租金为394 701元，乙方应于每季度初缴纳租金98 675.25元；乙方应向甲方一次性交付90 000元租赁保证金，甲方有权在乙方未缴纳相关费用时直接从其租赁保证金中相应扣除；本合同租赁期间，乙方拖欠房租累计1个月以上，甲方有权解除合同，收回该房屋，乙方应按照合同年租金额的20%向甲方支付违约金。因不可抗力原因致使本合同不能继续履行或造成的损失，甲乙双方互不承担责任。合同签订后，被告共向原告缴纳租金367 580元。后因新冠肺炎疫情原因，被告未按合同约定缴纳租金，原告于2020年12月24日向被告出具通知，载明：王某承租我公司某区交通路143号开办幼儿园，虽然合同已于2020年3月31日到期，但迄今仍一直使用承租房屋。按合同约定价格，截至2020年12月31日已拖欠房屋租金722 408元，请王某接通知后尽快缴纳拖欠房租，并于2021年1月1日前将幼儿园搬离，腾空房屋，否则我公司将诉诸法律维权。现被告租赁案涉房屋所开办的幼儿园仍正常经营，截至2021年2月28日，被告尚欠原告合同租赁期内2018年4月1日至2019年3月31日房租1 300元、2019年4月1日至2020年3月31日房租394 701元，共计396 001元。原告另主张2020年3月31日至2021年2月28日房租363 000元（原告变更诉请显示为截至2021年3月31日，根据原告提交的被告缴款明细显示实际为2021年2月28日）及2021年3月1日至腾空搬出之日止的房租。被告称曾按招标要求向原告账户缴纳15 000元竞拍保证金，原告称已在原告主张的诉请中扣除，双方均未就此举证，原告在其出具的被告缴款明细中显示2018年3月2日竞商保证金（4月转入租金）。原告称因疫情对能按时履约的商户给予减免两个月租金的优惠政策。

【案件焦点】

案件焦点：原告是否应当适当减免租金的收取。

观点1：原告应当适当减免租金的收取。因新冠肺炎疫情，被告经营的教育机构受到影响，并鉴于原告在疫情期间对其他合作商户给予减免两个月的优惠政策，因此，原告也应当为被告减免两个月的房租。

观点2：原告不应当减免租金的收取。虽然被告提出因疫情导致其在2020年1月至2020年5月初无法对外营业，造成较大损失，但原告也有所损失，房租作为其主要收入来源，而被告一直拖欠房租，因此，不应该就此为其减免。

【法院裁判要旨】

法院审理认为：

当事人应当按照约定全面履行合同义务。当事人一方不履行合同义务或者履行合同义务不符合约定的，应当承担继续履行、采取补救措施或者赔偿损失等违约责任。本案中，原、被告签订的《房屋租赁合同》是双方真实意思表示，内容不违反法律、行政法规的规定，为有效合同，双方均应按合同约定履行义务。被告拖欠租金，其行为已构成违约。原告要求被告支付截至2021年2月28日租金759 001元，根据原告提交的银行收款凭证，截至2021年2月28日，被告尚拖欠原告租金757 810.25元(合同到期后的租金按合同最后年度租金标准394 701元计算，具体为1 300元+394 701元+394 701元÷12×11)，被告应予以支付。因新冠肺炎疫情，被告经营的教育机构受到影响，并鉴于原告在疫情期间对其合作商户给予减免两个月的优惠政策，本院认定酌减两个月房租65 783.5元(394 701元÷12×2)，故原告要求被告支付原告租金的诉讼请求，本院支持692 026.75元。原告要求被告支付自2021年3月1日起计算至被告腾空、搬离房屋之日的租金，合法有据，本院予以支持。原告主张被告赔付违约金78 940.2元，不违反法律规定且符合合同约定，本院予以支持，被告辩称因疫情要求减免，但被告在疫情之前已经违约，对其辩称本院不予采信。因租赁合同已于2020年3月31日到期，被告继续使用案涉房屋，租赁期限为不定期，故原告主张被告腾空、搬离租赁房屋的诉讼请求，合法有据，根据被告经营幼儿园的情况，并鉴于临近暑假的情况，本院认定被告在2个月内搬离，被告应妥善处理好幼儿园经营、孩子上学及教职工事宜。

判决结果：

2021年5月，某市某区人民法院判决：

1. 被告王某于判决生效之日起十日内支付原告某地产置业有限

公司房租 692 026.75 元及违约金 78 940.2 元(租金暂计至 2021 年 2 月 28 日止,后续房租按合同最后年度租金标准 394 701 元自 2021 年 3 月 1 日起计算至被告腾空、搬离房屋之日止)。

2. 被告王某于判决生效之日起 2 个月内腾空、搬离原告某地产置业有限公司与被告王某签订的《房屋租赁合同》项下位于某市某区交通路 143 号二楼房屋。

3. 驳回原告某地产置业有限公司的其他诉讼请求。

【指导意义】

对办理同类案件的意义:

1. 对方出现违约行为时,我方应积极主动维权。合同履行过程中,承办部门应当随时跟踪合同履行情况,清楚掌握合同到期时间。对于合同履行过程中,有充分证据证明对方丧失履约能力的,或合同期限届满后出现违约行为的情况,及时采取维权措施,防止单位利益损失。按照合同约定 2020 年 3 月 31 日双方的租赁合同已到期,直到超过将近 1 年时间,原告才起诉,如对方偿还不能,原告虽在法律上能得到支持,但实际上减少了收入。

2. 维权过程中应依法依约做好证据收集。租赁业务应当依法签订租赁合同,承租人出现违约行为时应敢于终止合同,并追究其违约责任,及时维护铁路企业合法权益。合同履行和维权过程中,需要注意收集关于我方履约、我方催告、对方履约情况、损失数额等方面的证据,以便未来一旦发生争议,能够支持我方的权利主张和赔偿请求。

对规范铁路企业经营管理行为的意义:

1. 签约前要认真审查对方履约能力。合同签订前要严格履行审查联签制度,提前了解交易相对人的资质资信情况,确保其具有充分的履约能力,且没有不良交易记录。

2. 签订租赁合同应充分设定合同解除条件。铁路企业在对外签订租赁合同时,应当在租赁合同中明确约定出租人可以单方解除合同的条件,如承租人出现擅自对外转租、迟延付款等行为,可以立即解除合同，确保铁路企业合法权益不受损失。

3. 租赁合同期限不应过长。如双方租赁合同期限较长，虽然稳定了租户的关系，但当承租人出现履约不能时，也会带来维权障碍。

【法规链接】

案件裁判法律依据：

1.《中华人民共和国民法典》(2021 年 1 月 1 日起施行)

第五百七十七条　当事人一方不履行合同义务或者履行合同义务不符合约定的，应当承担继续履行、采取补救措施或者赔偿损失等违约责任。

第五百七十九条　当事人一方未支付价款、报酬、租金、利息，或者不履行其他金钱债务的，对方可以请求其支付。

第七百三十三条　租赁期限届满，承租人应当返还租赁物。返还的租赁物应当符合按照约定或者根据租赁物的性质使用后的状态。

第七百三十四条　租赁期限届满，承租人继续使用租赁物，出租人没有提出异议的，原租赁合同继续有效，但是租赁期限为不定期。

租赁期限届满，房屋承租人享有以同等条件优先承租的权利。

2.《中华人民共和国民事诉讼法》(2022 年 1 月 1 日起施行)

第六十七条　当事人对自己提出的主张，有责任提供证据。

当事人及其诉讼代理人因客观原因不能自行收集的证据，或者人民法院认为审理案件需要的证据，人民法院应当调查收集。

人民法院应当按照法定程序，全面地、客观地审查核实证据。

商业风险不等于不可抗力

——某铁道物流公司诉某酒店、吴某房屋租赁合同纠纷案

【案件基本信息】

原告:某铁道物流有限责任公司。

被告:某酒店,吴某。

案由:房屋租赁合同纠纷。

裁判文书字号:(2021)豫1402民初3249号民事判决书。

【基本案情】

原告诉称:2012年12月28日,原告(甲方、出租方)某铁道物流有限责任公司(以下简称某铁道物流公司)与被告(乙方、承租方)某酒店签订《某车站旅客服务综合楼房屋租赁合同》,约定原告将某车站旅客服务综合楼整栋出租给被告开展经营业务。合同期限自2013年1月1日起至2027年12月31日止,租期共计15年,约定租金期限内前两年每年租金150万元,自第三年起租金递增2%。同时合同对付款方式、维修养护责任、双方权利义务、合同的解除和终止、违约责任等内容都进行了约定。被告支付了2013年至2018年的房屋租金,但2019年拖欠租金50万元,2020年拖欠租金140.774 3万元未予支付。截至2020年底,被告共拖欠房屋租金190.774 3万元,构成严重违约。同时,合同约定被告每延迟支付一天,要缴纳万分之五滞纳金,经原告催促一个月不交纳租金的,原告有权解除合同。据此,请求法院依法判令解除原、被告签订的《某车站旅客服务综合楼房屋租赁合同》并将租赁

房屋及相关设施完好交付给原告,判令被告支付房屋租金 190.774 3 万元及滞纳金暂计 29.64 万元,判令被告支付违约金 150 万元,判令被告恢复综合楼原状或支付原告恢复工程所需要费用。

被告某酒店辩称:被告为了履行合同,已经投资一千万元,希望能够变更合同,降低租金,继续履行。欠付租金是因疫情等不可抗力因素并非故意拖欠,不应承担违约责任。而且案涉房屋已经出现险情及安全隐患,原告未按合同约定对房屋及相关设施进行修缮,对此原告应承担违约责任。

被告吴某辩称:吴某不是适格被告。某酒店与案外人贾某是合伙承包关系,吴某在涉案纠纷中没有投资,没有参与经营,没有获取任何利益,被告某酒店的经营者孙某也没有将其收益用于家庭费用及共同生活,吴某不应承担本案的任何责任。

法院审理查明:2012 年 12 月 28 日,原告(甲方、出租方)与被告(乙方、承租方)签订《某车站旅客服务综合楼房屋租赁合同》,约定甲方将某车站旅客服务综合楼整栋出租给乙方开展经营业务。租赁期限为 2013 年 1 月 1 日至 2027 年 12 月 31 日,共计 15 年。合同约定了租金、付款方式、水电费用、每延迟一天支付租金需交纳应付金额万分之五的滞纳金,经甲方催促限期 1 个月仍拒不交纳租金的,甲方有权解除合同,不退定金,同时乙方一次性赔偿甲方 150 万元等内容。合同签订后,原告将涉案房屋交付被告某酒店使用,被告某酒店向原告支付了 2018 年 12 月 30 日之前的租金。自 2019 年 1 月 1 日起,被告某酒店未足额支租金。2019 年至 2020 年间,被告某酒店拖欠房屋租金 190.774 3 万元。原告向被告催要租金未果,形成纠纷。另查明,被告某酒店是个体工商户,其经营者孙某与被告吴某是夫妻关系。

【案件焦点】

案件焦点:某酒店是否构成违约,是否应当承担违约责任。

观点 1:某酒店不构成违约,不应当承担违约责任。某酒店未支付租金是由于新冠肺炎疫情不可抗力的因素,并非主观故意,如果合同变更降低租金愿意履约,拖欠租金行为不构成违约,该合同也不具备解除条件。

观点2:某酒店构成违约,应当承担违约责任。某酒店持续使用案涉房屋,但未按照合同约定支付租金,拖欠租金两年之久,且经出租方多次催交仍不支付,已构成严重违约,应当承担违约责任,并按照合同约定支付违约金。

【法院裁判要旨】

法院认为:原、被告签订的房屋租赁合同是双方当事人真实意思表示,合同内容不违反相关法律禁止性规定,为有效合同,双方均应按合同约定享有权利,承担义务。被告某酒店未按照合同约定向原告支付租金,因疫情原因,原告已减免被告2个月租金,被告其他抗辩理由亦属于其在经营期间存在的商业风险。其行为已构成严重违约,已达到双方约定的解除合同条件。原告要求解除该合同并要求被告交付房屋和相关设施的诉讼请求于法有据,应予以支持。同时,被告某酒店对拖欠原告某铁道物流公司租金事宜并未否认,故被告某酒店未按照合同约定向原告支付租金的行为属违约行为,依法应承担违约责任。但原告主张的滞纳金及违约金数额明显过高,结合双方履行程度、当事人过错、预期利益等因素,本院对该计算标准予以适当调整,按照拖欠租金金额的30%计算。同时法院认为,被告吴某未参与某酒店经营,不是案涉房屋租赁合同的当事人,故被告某酒店经营者孙某拖欠原告的债务不属于与被告吴某的夫妻共同债务。

判决结果:

2021年8月,某市某区人民法院判决:

1. 解除原、被告于2012年12月28日签订的《某车站旅客服务综合楼房屋租赁合同》。

2. 被告某酒店将租赁房屋及相关设施按现状返还给原告某铁道物流公司,于判决生效之日起十日内履行完毕。

3. 被告某酒店支付原告某铁道物流公司2020年12月31日前产生的租金190.7743万元;自2021年1月1日起至房屋实际返还之日

止的租金按合同约定每日 4 786.19 元计算，于判决生效之日起十日内履行完毕。

4. 被告某酒店支付原告某铁道物流公司滞纳金、违约金共计 57.232 2 万元，于判决生效之日起十日内履行完毕。

5. 驳回原告某铁道物流公司其他诉讼请求。

【指导意义】

对办理同类案件的意义：

1. 诉讼中合理索要违约金、滞纳金。本案中，铁路企业按照合同约定内容计算违约金和滞纳金共 179.64 万元。法院经审理认为数额明显过高，结合双方履约程度、当事人过错、预期利益等因素，仅支持了 57.23 万元。过高的违约金诉求难以获得法院的全部支持，客观上又增加了诉讼成本。因此，铁路企业在诉讼中，应科学预判，合理拟定追索的违约金数额，节约诉讼成本的同时达到预期效果。

2. 主动维权诉讼中应及时申请财产保全。合同履行纠纷案件常出现执行难的问题，债权人利益时常遭受损失。本案中，铁路企业提起诉讼的同时申请财产保全，及时查封、冻结了当事人财产，避免了对方当事人对财产进行恶意转移或藏匿，为强制执行提供保障，是切合实际具有可操作性的做法，值得铁路企业借鉴。

对规范铁路企业经营管理行为的意义：

1. 严格盯控合同履行，按期对账追索欠款。铁路企业经营管理中尤其是房屋租赁领域，切不可“一租了之”“不闻不问”。合同履行过程中应加强盯控，业务部门与财务部门应形成联动，定期对账，及时催缴，注意留痕。对于违反合同约定长期拖欠房屋租金的承租户，构成严重违约的，应尽快启动诉讼维权程序，避免经营财产流失。

2. 合同当事人违约事由出现时，守约方应及时止损。合同履行过程中，一方违约导致房屋租赁合同无法继续履行的，守约方应及时提出异议，必要时可行使抗辩权，采取合理措施减少损失扩大。这是守约方的法定义务，也是缩小经营损失的现实需要，铁路企业应切实执行。

3. 疫情常态化影响下,应辩证对待房屋租金的收取。2020 年以来,新冠肺炎疫情这一公共卫生事件影响广泛。为减少人员聚集,阻断疫情蔓延,政府采取包括交通管制、部分公共场所封闭、企业延迟开工等防控措施,对经营合同的履行产生不同程度的影响。铁路企业经过充分调研分析、科学决策,已经部分减免因疫情影响无法正常经营使用的房屋租金,时刻彰显企业担当。但需要注意,对于疫情发生之前已经存在违约的事实,仍应要求当事人支付租金并承担违约责任,实现应收尽收,确保企业资产利益不受损失。

【法规链接】

案件裁判法律依据:

《中华人民共和国民法典》(2021 年 1 月 1 日起施行)

第五百零九条　当事人应当按照约定全面履行自己的义务。

当事人应当遵循诚实信用原则,根据合同的性质、目的和交易习惯履行通知、协助、保密等义务。

当事人在履行合同过程中,应当避免浪费资源、污染环境和破坏生态。

第五百六十二条　当事人协商一致,可以解除合同。

当事人可以约定一方解除合同的事由。解除合同的事由发生时,解除权人可以解除合同。

第五百六十七条　合同的权利义务终止,不影响合同中结算和清理条款的效力。

第五百七十七条　当事人一方不履行合同义务或者履行合同义务不符合约定的,应当承担继续履行、采取补救措施或者赔偿损失等违约责任。

第五百八十五条　当事人可以约定一方违约时应当根据违约情况向对方支付一定数额的违约金,也可以约定因违约产生的损失赔偿额的计算方法。

约定的违约金低于造成的损失的,人民法院或者仲裁机构可以根据当事人的请求予以增加；约定的违约金过分高于造成的损失的，人民法院或者仲裁机构可以根据当事人的请求予以适当减少。

当事人就迟延履行约定违约金的，违约方支付违约金后，还应当履行债务。

第七百二十一条　承租人应当按照约定的期限支付租金。对支付租金的期限没有约定或者约定不明确，依照本法第五百一十条的规定仍不能确定，租赁期限不满一年的，应当在租赁期限届满时支付；租赁期限一年以上的，应当在每届满一年时支付，剩余期限不满一年的，应当在租赁期限届满时支付。

第七百二十二条　承租人无正当理由未支付或者迟延支付租金的，出租人可以要求承租人在合理期限内支付；承租人逾期不支付的，出租人可以解除合同。

第七百三十三条　租赁期限届满，承租人应当返还租赁物。返还的租赁物应当符合按照约定或者租赁物的性质使用后的状态。

第四类　其他主动维权

以诉促谈　主动维权

——某桥工段诉某银行某分行票据纠纷案

【案件基本信息】

原告：中国铁路某局集团有限公司某桥工段。

被告：某银行某分行。

案由：票据纠纷。

裁判文书字号：(2021)陕0404民初5012号民事裁定书。

【基本案情】

2016年9月13日，出票人甲公司出具一张由被告承兑的银行承兑汇票，票面金额为10万元人民币，汇票到期日为2017年3月13日。出票后，该汇票经多次背书流转至原告。原告通过合法交易取得该汇票后，原告分别于2018年9月11日、2019年3月19日委托银行分理处兑付，被告以票据背书人更改不规范且证明有误、印鉴变更资料不全等事项为由拒绝付款。

原告诉称：原告作为持票人，所提供的票据背书连续，原告与前手背书人之间存在真实交易关系。原告虽然没有在汇票到期日前提示承兑，但在到期日后2年票据权利时效内，请求被告付款。当前，虽然已经超过票据权利时效，但仍享有民事权利，可以请求承兑人返还与票据金额相当的利益。

被告辩称：汇票的背书人背书更改不规范，出具的承兑证明有误；且持票人工商变更后，印鉴变更资料不全。被告作为承兑人可以拒绝付款。

本案未开庭审理。原告起诉后,被告主动与原告达成和解。被告承认原告付款请求权,出于金融机构的管理需要,由涉案汇票历次背书人按照银行指定格式重新出具承兑证明、持票人补充印鉴后,被告向原告付清款项。原告撤诉。

【案件焦点】

案件焦点一:票据涂改后是否有效。

观点1:票据有涂改,导致无效。

观点2:《中华人民共和国票据法》第九条规定:"票据上的记载事项必须符合本法的规定。票据金额、日期、收款人名称不得更改,更改的票据无效。对票据上的其他记载事项,原记载人可以更改,更改时应当由原记载人签章证明。"因此涉案汇票的更改事项不涉及票据金额、日期、收款人名称,且更改的事项已经原记载人出具了承兑证明,票据仍然合法有效。

案件焦点二:被告是否有付款义务。

观点1:原告未在票据到期日前提示承兑,遂丧失付款请求权。

观点2:原告在票据权利时效内请求付款,被告拒绝付款,因此应当认为时效中断。且即使认为,原告提起诉讼时票据权利时效已届满,丧失了票据权利,根据《中华人民共和国票据法》第十八条规定,"持票人因超过票据权利时效或者因票据记载事项欠缺而丧失票据权利的,仍享有民事权利,可以请求出票人或者承兑人返还其与未支付的票据金额相当的利益",因此原告仍享有民事权利。原告与前手背书人之间的交易关系真实且合法,因此可以请求被告支付与票据金额相当的款项。

【法院裁判要旨】

一审法院认为:

原告有权处分自己的民事权利和诉讼权利。

一审判决结果:

2021年10月,某市某区人民法院裁定:

准予原告撤诉。

双方均未上诉，裁定生效。

【指导意义】

对办理同类案件的意义：

1. 依法维权，以诉促谈。因怠于行权导致铁路企业权益受损屡见不鲜，因此不断增强主动维权意识是我们的必修课。当我方合法权利行权受阻时，应当积极与对方沟通协商，阐述我方的合理诉求和法律依据。通过沟通，对方依然不履行法定义务，不尊重我方权利的，我方有必要通过诉讼等司法途径，寻求公力救济。通过诉讼的压力，边诉边谈、以诉促谈，也有利于促进双方重回谈判桌，进一步互谅互让，觅得共识。

2. 票据权利时效的届满，不影响民事权利的实现。由于票据行为的无因性和独立性，票据行为的效力不影响其基础交易行为的效力，票据权利的灭失不影响民事权利的行使。因此，如果持有票据的票据权利时效届满，票据权利虽然归于消灭，但不要忽视和放弃通过民事权利实现自身利益的机会。要善于通过一切法律赋予的行权途径，维护我方合法权益。

对规范铁路企业经营管理行为的意义：

1. 接受票据的，应当审查票据记载事项是否完备且符合法定格式。票据权利的行使有非常严格的形式要求，部分记载事项（票据金额、日期、收款人名称）一旦涂改将导致票据无效；其他记载事项更改的，也需要出具规范的证明材料。因此票据记载事项是否完备且符合法定格式，直接关系到票据权利的存续和证明，务必严格审查。

2. 遵守票据提示承兑、提示付款的法定期限。尽管未在法定期限内提示承兑、提示付款，持票人依然有机会通过基础交易关系中的付款请求权请求承兑人付款，但丧失了对其前手的追索权和再追索权，且不再享有银行无条件付款的便利，需要证明基础交易关系真实合法方能请求付款。因此，采用票据结算时，应当注意在法定期限内前提示承兑、提示付款,获得更充分的付款保障。

【法规链接】

案件裁判法律依据:

《中华人民共和国票据法》(2004 年 8 月 28 日起施行)

第九条　票据上的记载事项必须符合本法的规定。

票据金额、日期、收款人名称不得更改,更改的票据无效。

对票据上的其他记载事项,原记载人可以更改,更改时应当由原记载人签章证明。

第十八条　持票人因超过票据权利时效或者因票据记载事项欠缺而丧失票据权利的,仍享有民事权利,可以请求出票人或者承兑人返还其与未支付的票据金额相当的利益。

第二十九条　背书由背书人签章并记载背书日期。

背书未记载日期的,视为在汇票到期日前背书。

冒领退休金六载　加息偿还得不偿失

——某桥工段诉李某国不当得利纠纷案

【案件基本信息】

原告:中国铁路某局集团有限公司某桥工段。

被告:李某国。

案由:不当得利纠纷。

裁判文书字号:(2020)豫0724民初2026号民事判决书。

【基本案情】

原告诉称:案外人李某原系中国铁路某局集团有限公司某桥工段(以下简称某桥工段)退休职工。1985年7月,李某退休后回到某省某县某乡某村居住,正常申领养老金等相关离退休补贴。2007年10月15日,李某去世后,其子李某国隐瞒其父去世的事实,既未通知某桥工段,亦未告知其他相关部门,持续冒领其父生前应当领取数额的退休金。2013年3月,某桥工段到李某家中采集退休人员指纹时发现李某已去世,随后,某桥工段将李某去世事实上报某省社会保障局。2014年11月,经某省社会保障局审批,应向李某家属支付一次性抚恤金22 740元(李某土葬,不支付丧葬费),扣除多领养老金75 042元、多领调待金44 086.96元、多领取暖费2 420元,李某家属应退还冒领款项合计98 808.96元。某省社会保障局在随后拨付给某桥工段其他离退休人员丧抚金待遇时,将李某家属冒领款项98 808.96元予以扣除。某桥工段多次联系李某之子李某国,催促其退还冒领款项。李某国于2016年2月26日向某桥工段出具书面说明一份,自述其冒领款项经过,但表示无力偿还。此后,原告某桥工段多次催促被告李某国退还冒领款项 98 808. 96 元,但被告至今未退赔,故具状起诉。

被告李某国未到庭,也未提交答辩状。

法院审理查明:案外人李某原系某桥工段退休职工。李某退休后,正常申领养老金等相关离退休补贴,于 2007 年 10 月 15 日去世,案外人李某系被告李某国父亲。案外人李某去世后,被告李某国未向原告及相关单位告知,冒充其父继续申领养老金等,截至原告发现时,被告李某国已多申领 121 548. 96 元,扣减一次性抚恤金 22 740 元后,仍需退还养老金等合计 98 808. 96 元。2014 年 11 月,某省社会保障局将被告李某国多领取的养老金等 98 808. 96 元从应拨付给原告的其他离退休人员丧抚金待遇总额中扣除。此后,原告多次要求被告李某国退还多领取的款项,但被告至今未退还。原告于 2020 年 11 月 10 日诉至本院,要求:(1)判令被告向原告退还养老金、调待金、取暖费合计 98 808. 96 元及利息 28 021. 67 元(利息自 2014 年 12 月 1 日暂计至 2020 年 6 月 30 日。2020 年 6 月 30 日之后的利息以 98 808. 96 元为本金,以全国银行间同业拆借中心公布的贷款市场报价利率计算至被告实际清偿之日)。以上本息合计 126 830. 63 元。(2)判令被告承担本案案件受理费、财产保全费、诉讼保全责任险费(或担保费)以及公告费等诉讼费用。

【案件焦点】

案件焦点一:李某国在其父死亡后冒领的退休金是否构成不当得利。

观点 1:构成不当得利。不当得利指没有合法根据使他人受损,而自己获益的事实。本案中,李某国在其父死亡后故意隐瞒事实,冒领退休金的行为,没有法律上的原因,基于给付而受益,致使原告受财产损害,其受益与原告受损之间存在因果关系,故应认定其行为构成不得之利。

观点 2:不构成不当得利。本案中,原告对本单位离退休职工领取退休金情况疏于监管，致使李某去世六年后，社保部门仍发放退休金。李某国主观上不存在主动虚构事实、冒领退休金故意，不构成不当得利，原告某桥工段对其财产受损应承担主要责任。

案件焦点二：如何确认冒领退休金退赔范围。

观点1：退赔冒领退休金的同时，应赔付利息。某省社会保障局将李某国多领取的养老金98 808.96元从应拨付给原告其他离退休人员丧抚金总额中扣除，从而使原告某桥工段取得对李某国98 808.96元债权。某桥工段可以按照起诉时全国银行间同业拆借中心公布的贷款市场报价利率主张自李某国不履行给付义务之日起至完全履行给付义务期间的利息。

观点2：退赔冒领退休金的同时，不应赔付利息。某省社会保障局将李某国多领取的98 808.96元养老金从应拨付给原告其他离退休人员丧抚金总额中扣除后，原告某桥工段取得对李某国98 808.96元债权。某桥工段与李某国之间的债权债务没有约定利息，视为没有利息；其债权债务不符合商事借贷关系，则某桥工段主张利息没有事实和法律依据。

【法院裁判要旨】

法院审理认为：

因他人没有法律依据，取得不当得利，受损失的人有权请求其返还不当利益。本案中，被告李某国未将其父李某去世情况告知原告及相关单位，冒充其父继续申领养老金等合计121 548.96元，扣减一次性抚恤金22 740元后，仍需退还养老金等合计98 808.96元。2014年11月，某省社会保障部局将被告李某多领取的养老金等98 808.96元从应拨付的其他离退休人员丧抚金待遇总额中扣除，原告某桥工段请求被告李某返还不当得利养老金等合计98 808.96元的诉讼请求符合法律规定。原告某桥工段请求被告李某从2014年12月1日起以98 808.96元为本金按照全国银行间同业拆借中心公布的贷款市场报价利率（原告起诉时年利率为15.4%）计算利息损失至被告实际清偿之日,于法有据,本院予以支持。

判决结果:

2020 年 12 月,某县人民法院判决:

1. 被告李某应于本判决生效后十日内返还原告某桥工段养老金、调待金、取暖费等合计 98 808.96 元。

2. 被告李某国应当于本判决生效后十日内以 98 808.96 元为基数,按年利率为 15.4% 向某桥工段支付自 2014 年 12 月 1 日起至实际还款之日止的利息损失。

一审判决后双方均未上诉,2021 年 1 月,判决生效。

【指导意义】

对办理同类案件的意义:

1. 铁路企业办理涉及退休待遇等政策性很强的案件时,应从政策解读和证据组织入手,积极协助法院查明案件事实。本案铁路企业在诉讼过程中,详尽说明铁路离退休职工退休金待遇政策,收集固定了地方社保部门和当事人之间来往单据等关键证据,得到法院认可,取得预期胜诉效果。铁路企业在遇到类案时,应充分研读关联政策规定,注重收集整理书证,通过完整的证据链条还原案件事实,争取法院支持。

2. 合理主张延迟退赔期间的利息,维护合法权益。本案铁路企业在主张退赔冒领退休金同时,依法合理提出延迟退赔期间利息主张,得到法院支持。铁路企业涉及经济往来纠纷时,在主张本金的同时,应当结合案件事实和当时全国银行间同业拆借中心公布的贷款市场报价利率,依法提出利息主张,最大限度维护铁路企业应得的合法利益。

对规范铁路企业经营管理行为的意义:

1. 建立完善机制,主动防范化解风险债权。本案原告李某国套取退休金款项后,一直以各种借口不予退赔。某桥工段及时通过诉讼维权方式,化解了应收账款不能收回的风险。此案提醒铁路企业在与自然人、法人及其他组织经济往来过程中,要建立风险债权预警机制,提前研判、防范债权风险,避免形成呆账、坏账。如出现应收账款催收无果及其他账款不能收回的情形，应及时通过追讨、诉讼等途径挽回经济损失，以维护企业经济利益。

2. 加强对铁路企业离退休人员信息的管理。本案被告李某国套取退休金款项六年后才被铁路企业发现的事实，暴露出铁路企业疏于对此类信息管理，导致企业利益受损。借鉴本案，铁路企业离退休管理人员应建立完善的人员信息台账，定期走访离退休本人和家属，一方面送去铁路企业对离退休人员的关爱，另一方面也能够及时完整掌握最真实的一手资料，填补离退休人员信息管理漏洞。

【法规链接】

案件裁判法律依据：

1.《中华人民共和国民法典》(2021 年 1 月 1 日起施行)

第九百八十五条　得利人没有法律根据取得不当利益的，受损失的人可以请求得利人返还取得的利益，但是有下列情形之一的除外：

(一)为履行道德义务进行的给付；

(二)债务到期之前的清偿；

(三)明知无给付义务而进行的债务清偿。

第九百八十七条　得利人知道或者应当知道取得的利益没有法律根据的，受损失的人可以请求得利人返还其取得的利益并依法赔偿损失。

2.《中华人民共和国民法总则》(现已废止)

第一百二十二条　因他人没有法律根据，取得不当利益，受损失的人有权请求返还不当利益。

3.《中华人民共和国民法通则》(现已废止)

第九十二条　没有合法根据，取得不当利益，造成他人损失的，应当将取得的不当利益返还受损失的人。

4.《最高人民法院关于审理民间借贷案件适用法律若干问题的规定》(2021 年 1 月 1 日起施行)

第二十八条　借贷双方对逾期利率有约定的，从其约定，但是以不超过合同成立时一年期贷款市场报价利率四倍为限。

未约定逾期利率或者约定不明的,人民法院可以区分不同情况处理:

(一)既未约定借期内利率,也未约定逾期利率,出借人主张借款人自逾期还款之日起参照当时一年期贷款市场报价利率标准计算的利息承担逾期还款违约责任的,人民法院应予支持;

(二)约定了借期内利率但是未约定逾期利率,出借人主张借款人自逾期还款之日起按照借期内利率支付资金占用期间利息的,人民法院应予支持。

第二编　积极应诉编

第一类　铁路运输纠纷

巧用对方证据　证明己方观点

——池某诉某局集团公司铁路运输人身损害责任纠纷案

【案件基本信息】

原告：池某。

被告：中国铁路某局集团有限公司。

案由：铁路运输人身损害责任纠纷。

裁判文书字号：(2021)豫7101民初8号民事判决书，(2021)豫71民终25号民事判决书。

【基本案情】

原告诉称：火车站出站口音量过高，造成原告右耳不适和持续性耳鸣。耳鸣等不适症状通过现代医学不能通过数据显示检测结果，但不能否认原告的症状。原告在出行过程中低估了问题的严重性，未能及时就医检查，但不能以此证明被告没有责任。原告收集的新闻等资料显示，火车站周边居民确实有反应火车站噪声扰民的显现。希望法院通过常识推理，认定事实，支持原告诉讼请求，判决被告赔偿原告已付出和未来可能付出的医疗费用，补偿因为持续耳鸣而可能导致的永久性损伤。

被告辩称：被告在火车站出站口播放出站导语的行为合理且必要，音量未超标。原告给出的检查结果显示，原告右耳完全不存在任何损伤，右耳听力也未见异常，不能证明损害结果的产生。原告提供的处方、用药信息、既往病史以及医嘱显示，原告即便确实存在耳部不适，也应当是由其他原因所致,与被告的合理行为之间并无因果关系。综上,被告不应当承担赔偿责任。

经法庭同意,被告向原告提问,原告自述:原告早年左耳听力受损。2020 年原告身体不适,医生告诫需要注意休息。原告未遵医嘱,暑假出行游玩。

法院审理查明:2020 年 7 月 15 日 8 时 57 分,原告乘坐 Z376 次列车前往某站,到站后原告从某站西北出口出站。当时西北出口处的闸机上放置有手持可移动宣传喇叭,在旅客出站时,喇叭循环播放“下车的旅客,请自觉佩戴口罩,刷身份证出站”的内容。2020 年 7 月 17 日,原告行至另一城市并在当地就诊,临床诊断为“耳鸣”,支出医药费 420.56 元。其于 2020 年 7 月 19 日向铁路 12306 发送邮件,内容为:“本人于 2020 年 7 月 15 日晚在某火车站出站口处(人工通道旁)停留十余秒等待验票出闸,遭放一旁循环播放的高音喇叭狂轰,导致右耳不适,后来到医院检查,诊断为神经性耳鸣。本人要求某火车站为此承担责任,赔偿本人已付出和未来要付出的医疗费用,补偿因为持续耳鸣而可能导致的永久性损伤。”2020 年 7 月 20 日和 21 日原告拨打值班站长电话,继续反映此问题。2020 年 8 月 8 日,原告行至广东并在当地医院就诊,主诉右耳接触噪声后耳鸣 1 个月余,曾于被告所在地医院行听力检查,自诉未见异常,诊断为右耳耳鸣,支出医药费 127.57 元。

【案件焦点】

案件焦点一:原告右耳是否有损伤。

观点 1:没有医学检测结果显示原告右耳存在损伤。

观点 2:损伤现代医学无法检测,不代表没有损伤。

案件焦点二:原告右耳如有损伤,是否与被告行为之间存在因果关系。

观点 1:本案系环境污染案件,应当由被告承担证明其行为与原告损伤之间不存在因果关系的证明责任。

观点 2:本案系铁路运输人身损害责任纠纷,原告应当证明因果关系的存在。本案中,原告未能证明因果关系;相反,原告出站后行程繁杂,且其用药、既往病史以及出行前的医嘱等证明,原告即便存在耳部不适,也存在其他诱发原因,虽然不能证明具体的原因究竟为何,但至少可以推断并非被告行为导致。

【法院裁判要旨】

一审法院认为:《最高人民法院关于适用〈中华人民共和国民事诉讼法〉的解释》第九十条规定:"当事人对自己提出的诉讼请求所依据的事实或者反驳对方诉讼请求所依据的事实,应当提供证据加以证明,但法律另有规定的除外。在作出判决前,当事人未能提供证据或者证据不足以证明其事实主张的,由负有举证证明责任的当事人承担不利的后果。"中国铁路某局集团有限公司(以下简称某局集团公司)作为公共服务企业,为保证旅客疫情期间在进出站口闸机处放置宣传喇叭,并在旅客进出站时开启喇叭,提醒旅客有序进出站及疫情防控的注意事项,并无不当,原告诉称其遭到高音喇叭狂轰导致右耳耳鸣,侵害其健康权,但未提供证据证明其右耳损害与事发当日喇叭播放声音有因果关系,故原告诉请无事实和法律依据,不予支持。

一审判决结果:

2021 年 3 月,某铁路运输法院判决:

驳回原告的诉讼请求。

原告不服一审判决,向某铁路运输中级法院提起上诉。

二审法院认为:

本案属于铁路运输人身损害责任纠纷。《中华人民共和国民法典》第一千一百六十五条规定:"行为人因过错侵害他人民事权益造成损害的,应当承担侵权责任。"本案中,原告主张被告对其耳朵造成的损害承担侵权责任,根据《最高人民法院关于适用〈中华人民共和国民事诉讼法〉的解释》第九十条第一款(2021 年 1 月 1 日起施行,2022 年修改时本条无变化)"当事人对自己提出的诉讼请求所依据的事实或者反驳对方诉讼请求所依据的事实,应当提供证据加以证明,但法律另有规定的除外”的规定,原告对其主张负有举证责任。原告提供的证据,既不能证明被告行为存在过错,也不能证明其右耳神经性耳鸣与该行为存在因果关系,故其要求被告承担赔偿责任没有事实和法律依据。

二审判决结果:

2021 年 6 月,某铁路运输中级法院判决:

驳回上诉,维持原判。本判决为终审判决。

【指导意义】

对办理同类案件的意义:

1. 巧用对方的证据支撑己方观点。本案中,我方除了证明自身宣传导语播报的合理性以外,并没有直接证据证明损害结果是否发生,以及导语播报行为与或有的损害结果之间是否存在因果关系。而后两者对本案的定责有决定性作用。在此情况下,我们针对对方提供的证据,查找医学资料,发现漏洞:即其右耳检测完全正常,没有任何检测数据支撑其自述的病症,右耳的数据甚至优于左耳。以此引导对方承认无法证明损害结果且自身存在既往病史。同时,庭审中还通过原告自述的旅游行程以及用药记录,证明了其他致病原因的存在,由此排除了我方的责任。从本案中,我们应当汲取经验,当我方无法提供充分的证据时,要善于通过质证,找到我方观点的支撑点。

2. 案由对于举证责任的分配具有基础性的作用。以本案为例,铁路运输人身损害责任纠纷适用正常的证据规则,即谁主张谁举证。而如果按照环境侵权纠纷的规定,则因果关系的举证责任倒置,即由排放污染的行为人就其行为和损害后果之间不存在因果关系承担举证责任。本案中,原告并未对案由提出质疑,因此按照铁路运输人身损害责任纠纷案件的举证规则,因果关系的举证责任并未倒置。但我们应当从本案中提高关于案由确定和证明责任之间关系的认识,防止案由确定不准确增添举证责任的负担。

对规范铁路企业经营管理行为的意义：

1. 证据保存按规定执行。面对客运工作复杂而众多的服务对象，郑州局集团公司在《客运站车音视频记录仪管理办法》中专门规定：涉及站车安全、旅客纠纷、旅客人身伤害、旅客和工作人员权益等问题的，音视频内容保存期限一般应不少于180天；涉及诉讼的保存期限不低于诉讼时效期限；涉及疑难复杂事件，可能引发涉法信访、投诉案件的保存期限为永久。客运相关单位务必按规定妥善保留证据，避免纠纷。如果证据遗失，客运单位作为控制证据的一方当事人，将承担举证不利的诉讼结果。

2. 严格遵守环保标准。环境侵权案件是我们面临的新型案件。近年来郑州局集团公司已经先后出现空气污染、水污染、噪声污染等诸多环境侵权案件。面对这种新型案件，我们必须注意日常工作必须遵守各类环境质量标准，例如环境噪声标准的分贝值等。“打铁还需自身硬”，庭上的灵活答辩，不如日常的合规管理。我们不能在每起案件中都寄希望于对方举证的失利，必须通过强化合规管理和风险控制，扎实提升客运服务质量和水平，查漏补缺，方能百战不殆。

【法规链接】

案件裁判法律依据

1.《中华人民共和国民法典》(2021年1月1日起施行)

第一千一百六十五条　行为人因过错侵害他人民事权益造成损害的，应当承担侵权责任。

依照法律规定推定行为人有过错，其不能证明自己没有过错的，应当承担侵权责任。

第一千二百三十条　因污染环境、破坏生态发生纠纷，行为人应当就法律规定的不承担责任或者减轻责任的情形及其行为与损害之间不存在因果关系承担举证责任。

2.《最高人民法院关于适用〈中华人民共和国民事诉讼法〉的解释》(2021年1月1日起施行)

第九十条　当事人对自己提出的诉讼请求所依据的事实或者反驳对方诉讼请求所依据的事实,应当提供证据加以证明,但法律另有规定的除外。

在作出判决前,当事人未能提供证据或者证据不足以证明其事实主张的,由负有举证证明责任的当事人承担不利的后果。

第二类　劳动争议

未构成劳动关系　谈何劳动争议

——申某诉某高铁基础设施段劳动争议案

【案件基本信息】

原告:申某。

被告:中国铁路某局集团有限公司某高铁基础设施段。

案由:劳动争议。

裁判文书字号:(2021)豫0191民初13114号民事判决书。

【基本案情】

原告诉称:2018年5月某新区东高铁站段招聘保安,工资每月2 000元至2 200元,原告应聘该工作。被告没有按照法律规定与原告签订劳动合同,7月30日主管通知原告因27日当班空岗罚款500元,并将原告辞退。但造成空岗并非原告工作失职,责任在于公司安排不到位,公司让原告一个人干三个人的工作。故原告诉至法院,请求判令:(1)确认原、被告存在事实劳动关系;(2)被告支付原告2018年6月至7月未签订劳动合同双倍工资5 000元;(3)被告支付原告2018年5月至7月所欠付工资7 620元;(4)被告支付原告违法解除劳动合同赔偿金2 500元,无正当理由罚款500元;(5)被告支付原告精神损失费及误工费8 000元;(6)被告承担本案诉讼费用。为维护原告的合法权益,故向法院起诉。

被告辩称:(1)原告起诉主体错误,被告主体不适格。(2)原告起诉已超法定诉讼期限。

法院审理查明:原告银行流水载明,2018年8月26日,案外人王某向原告转款1 370元,备注七月份当班空岗罚款500元。

被告营业执照显示其成立日期为2019年10月31日。被告提交的2018年2月26日的法定代表人授权委托书显示,案外人某物业管理有限公司(以下简称某物业公司)委托案外人王某为代理人,以公司名义签署、澄清、说明、补正、递交、撤回、修改某桥工段某东高铁综合办公区物业服务(项目名称)招标文件、签订合同、该项目代发工资和处理有关事宜。

2020年12月16日,原告因劳资纠纷报警,处警情况处载明有案外人王某信息。

庭审中,原告称2018年5月通过广告应聘,由高主管安排、管理工作,高主管告知了案外人王某的联系方式,案外人王某系某物业公司经理。

2021年4月15日,原告申请劳动仲裁,申请事项为:(1)确认原、被告存在事实劳动关系;(2)被告支付原告经济补偿5 000元;(3)被告支付原告拖欠工资7 620元;(4)被告支付原告赔偿金2 500元;(5)被告支付原告精神损失费及误工费8 000元。某市郑东新区劳动人事争议仲裁委员会以未能提供有效证据证明双方存在劳动关系为由出具不予受理通知书,原告遂至本院起诉。

【案件焦点】

案件焦点:原告起诉主体是否错误。

观点1:原告起诉主体没有错误。原、被告双方虽未签订劳动合同,但原告事实上为被告付出了劳动,构成了事实劳动关系,因此,原告诉请被告承担相应的法律责任不存在主体错误。

观点2:原告起诉主体错误。本案中,原告称2018年在被告处工作,但根据企业信息查询得知,被告成立时间为2019年10月,原告诉请确认劳动关系期间,被告尚未成立,不具备与原告建立劳动关系的主体资格,因此原告起诉主体错误。

【法院裁判要旨】

法院审理认为:

当事人对于自己提出的诉讼请求所依据的事实或者反驳对方诉讼请求所依据的事实有责任提供证据加以证明。没有证据或者证据不足以证明当事人的事实主张的,由负有举证责任的当事人承担不利后果。

本案中,原告称2018年在被告处工作,但被告对此不予认可。经查,被告于2019年10月成立,此时原告已离职,故原告工作期间被告尚未成立。原告称案外人王某给其发放工资,案外人王某系物业公司人员,与银行流水、授权委托书及接处警登记表反映事实能够相印证。综上,原告未提供有效证据证明原、被告双方存在事实劳动关系,故原告其各项诉请,证据不足,本院不予支持。

判决结果:

2021年6月,某市某区人民法院判决:

驳回原告申某的诉讼请求。

本判决为终审判决。

【指导意义】

对办理同类案件的意义:

梳理案件事实、厘清法律关系是案件处置的第一步。对于事实争议较大的案件,在案件处置中应当首先弄清法律事实、厘清涉案各方法律关系。在本案中,原、被告双方就是否存在劳动关系各执一词,存在较大争议,而通过梳理案件事实,我们发现,在原告诉请确认劳动关系的期间,被告尚未成立。根据《中华人民共和国劳动法》第二条之规定,能够与劳动者建立劳动关系的适格主体应为在中华人民共和国境内的企业、个体经济组织,只有主体适格的用人单位才能与劳动者建立劳动关系。因此,被告并非适格主体,从法律与事实上均无法与原告建立劳动关系,这从根本上排除了被告承担任何法律责任的可能。借鉴本案,铁路企业发生同类案件,应从案件事实与法律关系入手,摆事实、理关系、讲证据，抓住关键、有力答辩，才能得到法庭的认可和支持，取得有力的判决结果。

对规范铁路企业经营管理行为的意义：

1. 用人单位应与劳动者签订规范的劳动合同。本案中虽然铁路企业举证不是本案适格被告，未承担法律责任。但该外包单位未与原告签订劳动合同，且由个人向原告发放工资属于违法行为。为了避免不必要的纷争，铁路企业与外包单位签订外包合同时，要明确业务外包企业的责任，督促业务外包企业按照法律规定与合同约定，履行其对用工人员的各项义务。

2. 业务外包中应避免对外包人员进行管理。铁路企业在业务外包过程中，不能直接管理外包人员，包括考勤、工作时间、劳动班制、业务培训、先进评选、支付报酬等，否则，存在被认定事实劳动关系或被认定劳务派遣的风险。

3. 保存业务往来凭证，防范业务外包用工风险。铁路企业在经营过程中，为了节约人力成本，需要将某些业务交由外包企业负责。在与外包企业合作过程中一定要签订规范的业务外包合同，防范事实用工风险，保存好交易往来凭证。实践当中，部分铁路企业虽然先后与多家外包企业签订外包合同，但实际操作过程中由于缺乏证据意识，存在被审判机关认定为"假外包，真用工"的风险，这就要求铁路企业应当进一步提供外包费用支付凭证、外包企业提供的外包人员名单等证据，举证证明铁路企业不参与外包人员管理和工资发放等事项，从而避免被认定事实劳动关系。

【法规链接】

案件裁判法律依据：

1.《中华人民共和国民事诉讼法》(2022 年 1 月 1 日起施行)

第六十七条　当事人对自己提出的主张，有责任提供证据。

当事人及其诉讼代理人因客观原因不能自行收集的证据，或者人民法院认为审理案件需要的证据，人民法院应当调查收集。

人民法院应当按照法定程序，全面地、客观地审查核实证据。

2.《中华人民共和国劳动法》（2018 年 12 月 29 日起施行）

第二条　在中华人民共和国境内的企业、个体经济组织（以下统称用人单位）和与之形成劳动关系的劳动者，适用本法。

第三条　国家机关、事业组织、社会团体和与之建立劳动合同关系的劳动者，依照本法执行。

法定退休年龄与劳动关系认定

——李某诉某局集团有限公司、某保洁公司某分公司、某保洁公司劳动争议案

【案件基本信息】

原告：李某。

被告：中国铁路某局集团有限公司，某保洁公司某分公司，某保洁公司。

案由：劳动争议。

裁判文书字号：（2021）豫0103民初3330号民事判决书。

【基本案情】

原告诉称：2013年1月，原告经他人介绍，进入中国铁路某局集团有限公司工作，由某保洁公司某分公司安排原告从事保洁工作，负责打扫火车车厢卫生。原告工作过程中接受某保洁公司某分公司和某保洁公司的共同管理，工作至2020年2月28日时，某保洁公司某分公司无故与原告解除劳动合同。工作至今，原告未享受过年休假、法定节假日、各项社会保险等权利，被强行辞退后，被告也未按规定支付补偿金和赔偿金。原告提请仲裁后，某市某区劳动仲裁委员会作出不予受理决定书。为维护合法权益，原告向某市某区人民法院提起诉讼，请求：（1）依法确认原告与被告存在劳动关系；（2）依法解除原告与被告之间的劳动关系；（3）依法判决被告补偿原告一个月工资3 700元；（4）依法判决被告支付原告经济补偿金25 900元；（5）依法判决被告支付原告未交社保补偿金50 081元；（6）依法判决被告支付原告赔偿金

51 800 元;(7)依法判决被告支付原告法定节假日三倍工资 16 841 元;(8)依法判决被告支付原告年休假工资 7 655. 17 元;(9)依法判决被告支付原告押金 800 元。

被告中国铁路某局集团有限公司辩称:根据原告诉状,原告与某保洁公司之前签订有劳动合同,且接受某保洁公司管理及监督,双方之间成立劳动关系。在该情况下,原告请求确认与答辩人之间的劳动关系与事实不符,要求答辩人支付补偿工资等的诉讼请求,无事实与法律依据。综上,答辩人不是本案的适格被告,应当驳回其相应诉求。

被告某保洁公司某分公司辩称:原告与该公司无关。

被告某保洁公司辩称:《中华人民共和国劳动合同法实施条例》第二十一条规定,劳动者达到法定退休年龄的,劳动合同终止。原告 1966 年某月某日出生,2016 年某月某日到法定退休年龄,劳动关系自动终止。之后,双方签订有劳务协议书,是劳务关系。原告按劳动关系主张的诉讼请求无法律依据。超龄员工要求确认劳动关系是确认之诉,应单独提起,且该诉讼请求已过劳动仲裁时效。诉讼请求中关于社保的问题不属于劳动争议纠纷,不属于法院的受理范围。

法院审理查明:原告于 2013 年 1 月中旬到被告某保洁公司从事列车保洁工作。2015 年 7 月之前的工资,某保洁公司是通过银行转账的方式支付给原告。之后的工资,原、被告均认可是经原告签字现金领取。2016 年,原告年满 50 周岁。2017 年 6 月 14 日至 2020 年 6 月 14 日,原告与被告某保洁公司共签订 3 份劳务协议书。2020 年 2 月 7 日,原告向被告某保洁公司提交辞职报告,辞职的原因是本人因个人原因不适应工作。当日,被告某保洁公司同意了原告的辞职报告,并向原告发放了《同意办理辞职告知书》。2020 年 2 月 21 日,被告某保洁公司出具证明,证明原告于 2020 年 2 月 5 日至 2 月 20 日新冠肺炎疫情在某酒店隔离 16 日。2020 年 2 月 28 日,被告领取工资后,离开单位。另查明,原告未享受养老保险待遇,未领取退休金。

【案件焦点】

案件焦点：原告与被告某保洁公司之间的关系是劳动关系还是劳务关系。

观点1：应为劳动关系。根据《最高人民法院关于审理劳动争议案件适用法律问题的解释（一）》第三十二条，用人单位与其招用的已经依法享受养老保险待遇或者领取退休金的人员发生用工争议而提起诉讼的，人民法院应当按劳务关系处理。但本案的原告并未享受养老保险待遇或者领取退休金，因此不应按劳务关系处理。

观点2：应为劳务关系。《中华人民共和国劳动合同法实施条例》第二十一条规定，劳动者达到法定退休年龄的，劳动合同终止。原告于2016年已年满50周岁，达到法定退休年龄，不具备形成劳动合同的法定要素，只能形成劳务关系。

【法院裁判要旨】

法院认为：

对于达到或者超过法定退休年龄的劳动者（含农民工）与用人单位之间的劳动关系的终止，应当以是否享受养老保险待遇或者领取退休金为标准。2016年，原告虽已年满50周岁，达到退休年龄，但其并未依法享受养老保险待遇或领取退休金，而是继续在某保洁公司从事原来的工作。原告在某保洁公司工作期间，其年龄跨越了国家法定的企业职工退休年龄，但没有证据显示其已经享受基本养老保险待遇或领取退休金。本案中，结合当事人陈述及相关证据，可以认定原告与被告某保洁公司之间自2013年1月至2020年2月28日存在劳动关系。原告与被告某保洁公司之间的劳动关系已经协商终止，不需要再主张解除。原告起诉时，既主张了经济补偿金，又主张了经济赔偿金，没有法律依据。由于双方以协议终止劳动关系，对原告主张经济补偿金的诉讼请求，本院予以支持；对原告主张经济赔偿金的诉讼请求，本院不予支持。关于原告要求支付未交社保补偿金的诉讼请求，不属于法院受理民事案件的受理范围。关于原告其他诉讼请求，均证据不力，于法无据，本院不予支持。

判决结果：

2021 年 12 月，某区人民法院一审判决：

1. 确认原告与被告某保洁公司自 2013 年 1 月至 2020 年 2 月 28 日期间存在劳动关系。

2. 被告某保洁公司于本判决生效之日起十日内支付原告经济补偿金 13 066.88 元。

3. 驳回原告的其他诉讼请求。

一审过程中，原告撤回了对中国铁路某局集团有限公司的起诉。

【指导意义】

对办理同类案件的意义：

1. 应对劳动争议纠纷案件应首先确定劳动关系的双方当事人。所谓劳动争议是指劳动关系的当事人之间因执行劳动法律、法规和履行劳动合同而发生的纠纷。从这个定义可知，如果不是劳动关系的当事人，就不可能产生劳动争议。从本案来看，原告在向法院提出诉讼请求时，选择了三个被告，但是同一个劳动关系不可能存在三个不同的用工单位，因此，必须是要明确谁才是劳动关系的当事人。确定劳动关系的当事人可以依据双方签订的劳动合同确定，未签订劳动合同的，可根据《关于确立劳动关系有关事项的通知》（劳社部发〔2005〕12 号）有关规定确定。其中，本案还涉及劳动者是否符合法律、法规规定的主体资格问题，这也是本案最大的争议焦点。根据《中华人民共和国劳动合同法实施条例》第二十一条及《最高人民法院关于审理劳动争议案件适用法律问题的解释（一）》三十二条规定，被告主张原告主体不适格，双方不存在劳动合同关系。但从法院的最终判决来看，在实践中，法院倾向性认为，如果达到退休年龄的劳动者未能享受养老保险待遇或者领取退休金是雇佣单位造成的，仍然认定双方存在劳动关系。

2. 注意辨别劳动争议纠纷中的诉求是否属于人民法院受案范围。在劳动争议案件中，劳动者往往会依照《中华人民共和国劳动法》《中华人民共和国劳动合同法》等法律中规定的劳动者的诸多权利提出多项诉讼请求，但并非劳动的所有权利都能通过劳动争议案件得到维护。《最高人民法院关于审理劳动争议案件适用法律问题的解释(一)》明确规定了人民法院应当受理和不予受理的劳动争议纠纷，社会保险缴纳和工伤认定等纠纷不属于人民法院的受案范围，可通过行政复议、行政诉讼等方式解决。本案中，原告提出的 9 项诉讼请求中即包含上述内容。在处置劳动争议纠纷过程中，应注意识别此类诉讼请求，并在书面答辩和庭审辩论等过程中明确表述我方观点。

对规范铁路企业经营管理行为的意义：

1. 规范业务外包合同管理，避免因外包人员劳动争议引发损失。一是要加强对外包企业的资质审查，外包企业除了应当具备必要的经营资质外，还必须符合法律、法规规定的劳动关系主体资格，能够与本企业劳动者建立劳动关系。二是要规范签订业务外包合同，在实践中，有效的业务外包合同是阻断发包方与承包方提供的劳动者存在劳动关系认定的关键证据，在本案中，铁路企业即将此证据提交了法院。三是要避免对外包企业员工的直接管理，以防止在外包企业不具备劳动关系主体资格时，因铁路企业存在对劳动者进行直接管理，甚至直接支付工资、罚款考核等不规范的管理行为，导致铁路企业与劳动者之间事实劳动关系的建立。

2. 用人单位应当依法履行为劳动者缴纳社会保险的义务。《中华人民共和国劳动合同法》第十七条规定了劳动合同应当具备社会保险条款，用人单位应当依法履行为劳动者缴纳社会保险的义务。虽然关于社会保险缴纳的纠纷不属于人民法院的管辖范围，但根据《中华人民共和国劳动法》等法律规定，用人单位无故不缴纳社会保险费的，将面临被劳动行政部门行政处罚的风险。同时，一旦劳动者发生工伤，未为其缴纳工伤保险的用人单位还须承担按照工伤保险待遇项目和标准支付费用的责任。

【法规链接】

案件裁判法律依据:

1.《中华人民共和国劳动法》(2018 年 12 月 29 日起施行)

第十六条　劳动合同是劳动者与用人单位确立劳动关系、明确双方权利和义务的协议。

建立劳动关系应当订立劳动合同。

第一百条　用人单位无故不缴纳社会保险费的,由劳动行政部门责令其限期缴纳;逾期不缴的,可以加收滞纳金。

2.《中华人民共和国劳动合同法》(2013 年 7 月 1 日起施行)

第十七条　劳动合同应当具备以下条款:

(一)用人单位的名称、住所和法定代表人或者主要负责人;

(二)劳动者的姓名、住址和居民身份证或者其他有效身份证件号码;

(三)劳动合同期限;

(四)工作内容和工作地点;

(五)工作时间和休息休假;

(六)劳动报酬;

(七)社会保险;

(八)劳动保护、劳动条件和职业危害防护;

(九)法律、法规规定应当纳入劳动合同的其他事项。

劳动合同除前款规定的必备条款外,用人单位与劳动者可以约定试用期、培训、保守秘密、补充保险和福利待遇等其他事项。

第三十七条　劳动者提前三十日以书面形式通知用人单位,可以解除劳动合同。劳动者在试用期内提前三日通知用人单位,可以解除劳动合同。

3.《中华人民共和国劳动合同法实施条例》(2008 年 9 月 18 日起施行)

第二十一条　劳动者达到法定退休年龄的,劳动合同终止。

4.《最高人民法院关于审理劳动争议案件适用法律问题的解释（一）》（2021年1月1日起施行）

第一条　劳动者与用人单位之间发生的下列纠纷，属于劳动争议，当事人不服劳动争议仲裁机构作出的裁决，依法提起诉讼的，人民法院应予受理：

（一）劳动者与用人单位在履行劳动合同过程中发生的纠纷；

（二）劳动者与用人单位之间没有订立书面劳动合同，但已形成劳动关系后发生的纠纷；

（三）劳动者与用人单位因劳动关系是否已经解除或者终止，以及应否支付解除或者终止劳动关系经济补偿金发生的纠纷；

（四）劳动者与用人单位解除或者终止劳动关系后，请求用人单位返还其收取的劳动合同定金、保证金、抵押金、抵押物发生的纠纷，或者办理劳动者的人事档案、社会保险关系等移转手续发生的纠纷；

（五）劳动者以用人单位未为其办理社会保险手续，且社会保险经办机构不能补办导致其无法享受社会保险待遇为由，要求用人单位赔偿损失发生的纠纷；

（六）劳动者退休后，与尚未参加社会保险统筹的原用人单位因追索养老金、医疗费、工伤保险待遇和其他社会保险待遇而发生的纠纷；

（七）劳动者因为工伤、职业病，请求用人单位依法给予工伤保险待遇发生的纠纷；

（八）劳动者依据劳动合同法第八十五条规定，要求用人单位支付加付赔偿金发生的纠纷；

（九）因企业自主进行改制发生的纠纷。

第二条　下列纠纷不属于劳动争议：

（一）劳动者请求社会保险经办机构发放社会保险金的纠纷；

（二）劳动者与用人单位因住房制度改革产生的公有住房转让纠纷；

（三）劳动者对劳动能力鉴定委员会的伤残等级鉴定结论或者对职业病诊断鉴定委员会的职业病诊断鉴定结论的异议纠纷；

(四)家庭或者个人与家政服务人员之间的纠纷;

(五)个体工匠与帮工、学徒之间的纠纷;

(六)农村承包经营户与受雇人之间的纠纷。

第三十二条　用人单位与其招用的已经依法享受养老保险待遇或者领取退休金的人员发生用工争议而提起诉讼的,人民法院应当按劳务关系处理。

企业停薪留职人员、未达到法定退休年龄的内退人员、下岗待岗人员以及企业经营性停产放长假人员,因与新的用人单位发生用工争议而提起诉讼的,人民法院应当按劳动关系处理。

5.《关于确立劳动关系有关事项的通知》(劳社部发〔2005〕12号,2005年5月25日发布)

一、用人单位招用劳动者未订立书面劳动合同,但同时具备下列情形的,劳动关系成立。

(一)用人单位和劳动者符合法律、法规规定的主体资格;

(二)用人单位依法制定的各项劳动规章制度适用于劳动者,劳动者受用人单位的劳动管理,从事用人单位安排的有报酬的劳动;

(三)劳动者提供的劳动是用人单位业务的组成部分。

二、用人单位未与劳动者签订劳动合同,认定双方存在劳动关系时可参照下列凭证:

(一)工资支付凭证或记录(职工工资发放花名册)、缴纳各项社会保险费的记录;

(二)用人单位向劳动者发放的“工作证”、“服务证”等能够证明身份的证件;

(三)劳动者填写的用人单位招工招聘“登记表”、“报名表”等招用记录;

(四)考勤记录;

(五)其他劳动者的证言等。

其中,(一)、(三)、(四)项的有关凭证由用人单位负举证责任。

业务外包：克服管理惯性，拒绝直接管理

——李某诉某桥工段、某工程公司、某人力资源服务有限公司、某人力资源服务有限公司某分公司劳动争议案

【案件基本信息】

申请人（原告、上诉人）：李某。

被申请人一（被告、被上诉人）：中国铁路某局集团有限公司某桥工段。

被申请人二（被告、上诉人）：某工程公司。

被申请人三（被告、被上诉人）：某人力资源服务有限公司。

被申请人四（被告、被上诉人）：某人力资源服务有限公司某分公司。

案由：劳动争议。

裁判文书字号：某劳人仲裁字（2020）第0948号仲裁裁决书，（2021）豫0103民初4577号民事判决书，（2021）豫01民终8816号民事判决书。

【基本案情】

申请人（原告、上诉人）诉称：2008年起，李某入职某桥工段担任汽车司机，某桥工段一直未与李某签订劳动合同，也未为李某缴纳社保，没有任何福利待遇。李某最初入职时，工资以现金形式发放。自2016年开始，工资先后由甲公司、乙公司、某人力资源服务有限公司某分公司（以下简称人力资源分公司）以转账方式支付。2019年5月，某桥工段无故口头通知开除李某。李某不认可该决定，向某市劳动争议仲裁委

员会申请仲裁,要求确认李某与某桥工段存在劳动关系,安排李某继续上班,双方签订无固定期限劳动合同,并支付李某加班费、经济赔偿金、福利等 16.8 万元,补缴社会保险 14.4 万元。

被申请人(被告、被上诉人)某桥工段辩称:李某与某桥工段不存在劳动关系。某桥工段与某工程公司签订有汽车租赁合同,合同约定某工程公司将自有汽车出租给某桥工段,每车负责配备驾驶员。依据该合同,李某被派到某桥工段从事司机。此外,根据某工程公司与人力资源分公司签订的劳务派遣协议,以及李某提供的银行流水显示,李某是人力资源分公司派遣员工。李某要求某桥工段向其支付加班费、经济赔偿金、福利等事项,无事实和法律依据。李某要求为其补缴社会保险不属于劳动争议受案范围。

被申请人(被告、上诉人)某工程公司辩称:某工程公司非适格当事人,某工程公司与人力资源分公司签订有劳务派遣协议,并向人力资源分公司支付劳务派遣费用,某工程公司与李某不存在劳动关系。

被申请人某人力资源服务有限公司、某人力资源服务有限公司某分公司(被告、被上诉人)辩称:公司是在 2018 年 11 月才为李某发放工资,对之前的事情不知情。

法院审理查明:某桥工段与某工程公司签订有汽车租赁合同,合同约定某工程公司将自有汽车出租给某桥工段,每车负责配备一名驾驶员,李某作为随车驾驶员被派往某桥工段。2016 年 8 月至 2017 年 11 月李某工资由甲公司支付,2018 年 2 月李某工资由乙公司支付。2018 年 11 月至 2019 年 7 月李某工资由人力资源分公司支付。2019 年 5 月,某桥工段口头通知原告李某解除劳动关系。李某称 2008 年到某桥工段工作,但未提供有效证据证明该主张。

【案件焦点】

案件焦点一:李某与某桥工段是否存在劳动关系。

观点 1:认为李某与某桥工段存在劳动关系。李某长期在某桥工段从事司机工作,受某桥工段管理,双方虽未签订劳动合同,但已形成事实劳动关系。

观点2:认为李某与某桥工段不存在劳动关系。李某与某桥工段未签订劳动合同,李某的工资也不是某桥工段发放的,双方没有建立劳动关系。

案件焦点二:是否应当支付李某加班费、经济赔偿金、福利,为李某补缴社会保险。

观点1:认为应当支付李某加班费、经济赔偿金、福利,为李某补缴社会保险。李某在某桥工段工作期间,用人单位没有按规定为李某支付加班费、福利,缴纳社保,某桥工段口头违法解除劳动合同,应当向李某支付经济赔偿金。

观点2:认为不应当支付李某加班费、经济赔偿金、福利,为李某补缴社会保险。李某不是某桥工段职工,某桥工段不存在违法解除劳动合同情形,无需向其支付经济赔偿金,且李某没有证据证明应当向其支付加班费、福利。此外,李某要求为其补缴社保的诉讼请求不是劳动争议的受案范围。

【法院裁判要旨】

仲裁认为:

李某主张2008年到某桥工段工作,但没有提供有效的证据证明主张。李某银行对账单显示,2016年8月至2017年11月李某工资由甲公司支付,2018年2月李某工资由乙公司支付,因这两个单位不是本案劳动争议当事人,李某与两个单位是什么关系仲裁委无从判断。根据某工程公司与人力资源分公司签订的劳务派遣协议以及2018年11月人力资源分公司为李某发放工资的事实,仲裁委认定李某自2018年11月与人力资源分公司建立劳动关系。2019年5月28日,某桥工段口头通知解除李某劳动关系,应认定为违法解除。根据《中华人民共和国劳动合同法》规定,人力资源分公司应按李某2018年1月1日至2019年5月28日的工作年限,限期支付违法解除劳动关系赔偿金12 000元(4 000元/月×1.5月×2=12 000元)。李某要求向其支付加班费、福利,确认与某桥工段存在劳动关系无事实依据。李某要求安排其继续上班,签订无固定期限的劳动合同,不属于劳动争议仲裁受案范围。

仲裁结果:

2021 年 3 月,某市劳动人事争议仲裁委员会仲裁裁决:

1. 自本仲裁裁决书生效之日起十五日之内,人力资源分公司向李某支付违法解除劳动关系赔偿金 12 000 元。

2. 驳回李某的其他仲裁请求。

李某不服仲裁裁决,向某区人民法院提起诉讼。

一审法院认为:

李某在某桥工段从事汽车司机工作,其工作是基于某桥工段与某工程公司签订的汽车租赁合同约定,而某工程公司先后通过甲公司、乙公司、人力资源分公司为李某发放工资,名为派遣,实为规避责任,应认定李某与某工程公司之间存在劳动合同关系。同时,李某提交的证据仅显示 2016 年 8 月 18 日起发放工资,2019 年 5 月 28 日,某桥工段口头通知李某解除劳动关系,故违法解除劳动合同的赔偿金计算为 24 000 元;李某的其他诉讼请求,缺乏相关法律依据,不予支持。

一审判决结果:

2021 年 6 月,某区人民法院判决:

1. 某工程公司于判决生效之日起十日内支付李某赔偿金 24 000 元。

2. 驳回李某的其他诉讼请求。

李某、某工程公司不服一审判决,向某市中级人民法院提起上诉。

二审法院认为:

李某主张其从 2008 年入职某桥工段,双方之间成立劳动关系的请求,因其未能提供充分的证据证明其主张,法院不予支持。一审法院结合李某工资发放情况、汽车租赁合同以及李某工作岗位没有发生变化等事实,认定李某与某工程公司之间存在劳动合同关系并无不当。某工程公司称李某系派遣人员、双方不存在劳动关系,法院不予支持。某工程公司违法解除劳动合同,一审法院依据《中华人民共和国劳动合同法》判令向李某支付经济赔偿金24 000元正确。李某要求向其支付加班费、福利,因未能提供证据证明其主张,法院不予支持。李某要求补缴社保的诉讼请求不属于法院民事案件受案范围,法院不予支持。

二审判决结果:

2021年8月,某市中级人民法院判决:

驳回李某、某工程公司上诉,维持原判。

【指导意义】

对办理同类案件的意义:

1. 办理此类案件应当依法举证铁路企业与外包或劳务派遣企业之间存在合同关系。外包或劳务派遣人员向铁路企业提供劳动的依据的是铁路企业与外包或劳务派遣企业之间签订的合同,外包或劳务派遣人员以在铁路企业管理场所工作,向仲裁委、法院等审理机构起诉,要求认定与铁路企业存在劳动关系,并索要工资、加班费、福利待遇诉讼请求,缺乏事实根据和法律依据。

2. 办理此类案件应当依法阐明劳动者要求补缴社保的诉讼请求不是法院民事案件受案范围。缴纳社保不是劳动者与用人单位之间的民事法律关系,劳动者不能直接要求用人单位履行缴纳社保的义务。根据社会保险法律法规,缴纳社保的义务主体是用人单位和劳动者,收缴单位是社保机构。用人单位、劳动者和社保机构就欠费发生争议,是征收与缴纳之间的纠纷,属于行政管理的范畴,对用人单位欠缴、拒缴社会保险费或者劳动者对缴费年限、缴费基数等事由产生争议的,应由社保管理部门解决处理,不属于人民法院的受案范围。

对规范铁路企业经营管理行为的意义:

1. 依法规范使用外包或劳务派遣人员。铁路企业在使用外包或劳务派遣人员前,应依法与外包或劳务派遣企业签订合同,明确双方权利义务。同时,铁路企业不能出于铁路管理惯性,直接对外包或劳务派遣人员进行管理,如直接对外包或劳务派遣人员进行点名、安全监督、日常考核、决定聘用和录用等,对不符合铁路企业要求的外包或劳务派遣人员,铁路企业不能直接将其辞退,应当按照合同约定,告知外包或劳务派遣企业,由外包或劳务派遣企业予以召回或更换,否则铁路企业将存在被审判机关认定为“假外包、真用工”,与外包或劳务派遣人员建立事实劳动关系的法律风险。

2. 铁路企业要学会界定劳动关系。劳动关系的认定应当依据法律法规规定。依据《中华人民共和国劳动法》《中华人民共和国劳动合同法》规定,劳动关系的认定应当以劳动者与用人单位签订劳动合同为事实基础。对于没有签订劳动合同的,劳动关系应如何认定问题,《关于确立劳动关系有关事项的通知》(劳社部发〔2005〕12 号)规定:“用人单位招用劳动者未订立书面劳动合同,但同时具备下列情形的,劳动关系成立。(一)用人单位和劳动者符合法律、法规规定的主体资格;(二)用人单位依法制定的各项劳动规章制度适用于劳动者,劳动者受用人单位的劳动管理,从事用人单位安排的有报酬的劳动;(三)劳动者提供的劳动是用人单位业务的组成部分。”此外,该《通知》还规定:“用人单位未与劳动者签订劳动合同,认定双方存在劳动关系时可参照下列凭证:(一)工资支付凭证或记录(职工工资发放花名册)、缴纳各项社会保险费的记录;(二)用人单位向劳动者发放的‘工作证’、‘服务证’等能够证明身份的证件;(三)劳动者填写的用人单位招工招聘‘登记表’、‘报名表’等招用记录;(四)考勤记录;(五)其他劳动者的证言等。”因此,铁路企业在使用外包或劳务派遣人员过程中,切记不得为外包或劳务派遣人员提供“工资条”“工作证”“招聘表”“考勤表”等可能被认定存在劳动关系的凭证,做到依法合规使用。

【法规链接】

1.《中华人民共和国劳动合同法》(2013 年 7 月 1 日起施行)

第四十七条　经济补偿按劳动者在本单位工作的年限,每满一年支付一个月工资的标准向劳动者支付。六个月以上不满一年的,按一年计算；不满六个月的，向劳动者支付半个月工资的经济补偿。

劳动者月工资高于用人单位所在直辖市、设区的市级人民政府公布的本地区上年度职工月平均工资三倍的，向其支付经济补偿的标准按职工月平均工资三倍的数额支付，向其支付经济补偿的年限最高不超过十二年。

本条所称月工资是指劳动者在劳动合同解除或者终止前十二个月的平均工资。

第四十八条　用人单位违反本法规定解除或者终止劳动合同，劳动者要求继续履行劳动合同的，用人单位应当继续履行；劳动者不要求继续履行劳动合同或者劳动合同已经不能继续履行的，用人单位应当依照本法第八十七条规定支付赔偿金。

第八十七条　用人单位违反本法规定解除或者终止劳动合同的，应当依照本法第四十七条规定的经济补偿标准的二倍向劳动者支付赔偿金。

2.《中华人民共和国劳动争议调解仲裁法》（2008 年 5 月 1 日起施行）

第二条　中华人民共和国境内的用人单位与劳动者发生的下列劳动争议，适用本法：

（一）因确认劳动关系发生的争议；

（二）因订立、履行、变更、解除和终止劳动合同发生的争议；

（三）因除名、辞退和辞职、离职发生的争议；

（四）因工作时间、休息休假、社会保险、福利、培训以及劳动保护发生的争议；

（五）因劳动报酬、工伤医疗费、经济补偿或者赔偿金等发生的争议；

（六）法律、法规规定的其他劳动争议。

3.《关于确立劳动关系有关事项的通知》（劳社部发〔2005〕12 号，2005 年 5 月 25 日发布）

各省、自治区、直辖市劳动和社会保障厅（局）：

近一个时期,一些地方反映部分用人单位招用劳动者不签订劳动合同,发生劳动争议时因双方劳动关系难以确定,致使劳动者合法权益难以维护,对劳动关系的和谐稳定带来不利影响。为规范用人单位用工行为,保护劳动者合法权益,促进社会稳定,现就用人单位与劳动者确立劳动关系的有关事项通知如下:

一、用人单位招用劳动者未订立书面劳动合同,但同时具备下列情形的,劳动关系成立。

(一)用人单位和劳动者符合法律、法规规定的主体资格;

(二)用人单位依法制定的各项劳动规章制度适用于劳动者,劳动者受用人单位的劳动管理,从事用人单位安排的有报酬的劳动;

(三)劳动者提供的劳动是用人单位业务的组成部分。

二、用人单位未与劳动者签订劳动合同,认定双方存在劳动关系时可参照下列凭证:

(一)工资支付凭证或记录(职工工资发放花名册)、缴纳各项社会保险费的记录;

(二)用人单位向劳动者发放的“工作证”、“服务证”等能够证明身份的证件;

(三)劳动者填写的用人单位招工招聘“登记表”、“报名表”等招用记录;

(四)考勤记录;

(五)其他劳动者的证言等。

其中,(一)、(三)、(四)项的有关凭证由用人单位负举证责任。

三、用人单位招用劳动者符合第一条规定的情形的,用人单位应当与劳动者补签劳动合同,劳动合同期限由双方协商确定。协商不一致的,任何一方均可提出终止劳动关系,但对符合签订无固定期限劳动合同条件的劳动者,如果劳动者提出订立无固定期限劳动合同,用人单位应当订立。

用人单位提出终止劳动关系的,应当按照劳动者在本单位工作年限每满一年支付一个月工资的经济补偿金。

四、建筑施工、矿山企业等用人单位将工程(业务)或经营权发包给不具备用工主体资格的组织或自然人,对该组织或自然人招用的劳动者,由具备用工主体资格的发包方承担用工主体责任。

五、劳动者与用人单位就是否存在劳动关系引发争议的,可以向有管辖权的劳动争议仲裁委员会申请仲裁。

在岗前培训期间未签订劳动合同也构成劳动关系

——郑某诉某服务公司、某客运段工伤保险待遇争议案

【案件基本信息】

申请人:郑某。

被申请人:某服务公司,中国铁路某局集团有限公司某客运段。

案由:工伤保险待遇争议。

裁判文书字号:某劳人仲案字(2020)335 号仲裁裁决书。

【基本案情】

申请人诉称:因自己与某服务公司未签订劳动合同,某服务公司未给其缴纳社会保险。发生工伤后,自己无法享受工伤待遇,且停工留薪期工资也未得到支付。其曾多次找某服务公司协商赔偿事宜,均未达成一致。现请求仲裁庭:(1)某服务公司支付医疗费、护理费等费用;(2)某服务公司支付停工留薪期工资、一次性伤残补助费、鉴定费;(3)某服务公司支付经济补偿金;(4)确认 2020 年 11 月 4 日双方解除劳动关系;(5)中国铁路某局集团有限公司某客运段(以下简称某客运段)作为实际用工单位,在用工过程中未尽到安全管理义务,存在过错,应与某服务公司承担连带责任。

被申请人某服务公司辩称:2019 年 6 月 18 日,某服务公司已经通过某保险股份有限公司支付医疗费 20 000 元。郑某发生该事件后,某服务公司也多次同郑某沟通协调,并积极通过保险公司进行理赔。郑某要求支付的各项费用,依据不明确,要求依法核算。某服务公司与郑某之间不存在劳动关系。(1)2019 年 2 月 26 日,某服务公司与郑某签

订了培训协议,双方在协议中明确约定,培训时间为 2019 年 2 月 26 日至 2019 年 4 月 1 日,为期 35 天,培训分为理论培训和实操培训,理论培训为提供食宿的封闭式理论培训,实操培训为跟车学习。郑某参加培训期间,不属于某服务公司正式员工,不构成劳动关系。(2)《岗前培训协议》第二条明确约定:待培训结束合格后,正式上岗并签订劳动合同方可为甲方正式员工,与甲方产生劳动关系,正式计算工龄。因此,培训结束并经考核合格,是某服务公司录用郑某的前提。郑某实操培训期间因个人原因受伤,自 2019 年 3 月 29 日受伤后一直在家治疗休养,某服务公司也未录用其正式上岗工作,双方之间没有形成事实劳动关系。(3)根据《岗前培训协议》协议第三条约定:乙方在参加岗前培训期间,甲方补助乙方每人 1 500 元。明确为补助,并非郑某工资。2019 年 4 月 19 日,某服务公司已将 1 500 元补助发放至郑某银行卡中。

被申请人某客运段辩称:(1)某客运段与郑某之间未形成用工关系。郑某与某服务公司于 2019 年 2 月 26 日签订的《岗前培训协议书》中第 1 条明确约定郑某的岗前培训时间自 2019 年 2 月 26 日至 4 月 1 日,共 35 天。培训结束后,经考试合格取得相应资质后,方可上岗作业,郑某于 2019 年 3 月 29 日摔伤,该时间处于岗前培训期间,结合某客运段于 2018 年 10 月 9 日与某服务公司签订的《劳务派遣协议》第 2. 2 条约定被派遣劳动者应当符合“经职业培训合格”方可进行派遣。郑某发生事故时仅为进行技能实作,并非开展乘务员工作。(2)某客运段无义务承担郑某的工伤待遇。根据某客运段和某服务公司的《劳务派遣协议》可知,某客运段对郑某社保缴纳做到了应尽的督促义务,且明确因社保欠缴引发的法律责任由某服务公司承担。(3)某客运段已尽最大努力,做到安全保护义务。郑某发生事故所在地为动车组库内站台,因铁路车库建设的特殊要求,某客运段无权对库内站台进行任何改动或增加防护设备,否则将引发更大的安全风险。郑某当时所走路线为专用路线,是经过相关安全部门审核、内部安全管理综合评估、实地勘测、考察研究及充分的实际使用而确定的最佳路线,并且严格按照相关通行规定行走。郑某通过该站台的事前和过程中,在场列车长及乘警均多次进行安全提醒。在事故发生后,列车长及时将其送往医院救治,其后又一路护送,已尽到最大的人道主义。由此可知,某客运段已尽最大努力做到安全防护义务,事故的发生主要是由郑某自身原因造成。郑某无权要求某客运段承担连带责任。(4)根据《中华人民共和国侵权责任法》的规定,宾馆、商场、银行、车站、娱乐场所等公共场所的管理人或群众性活动的组织者,未尽到安全保障义务,造成他人损害的,应承担侵权责任。某客运段对终点站车库无经营管理权限,不是本案适格被申请人。

仲裁委审理查明:2019 年 2 月,郑某应聘到某服务公司工作,后被派遣到某客运段担任铁路乘务员。经培训被安排到某客运段车队工作,工资由某服务公司发放。2019 年 3 月 29 日下午,郑某随某次列车到达终点站车库,在从车库回铁路公寓路上,从车库站台上摔下受伤,列车长马上将其送往医院救治,经诊断为根骨骨折。2020 年 8 月 17 日,某区人力资源和社会保障局认定郑某所受事故伤害为工伤。2020 年 10 月 13 日,经某市劳动能力鉴定委员会鉴定为 9 级伤残,停工留薪期为 8 个月。

【案件焦点】

案件焦点:郑某和某服务公司是否存在劳动关系。

观点 1:不存在劳动关系。

(1)某服务公司与郑某签订了《岗前培训协议》,双方在协议中明确约定,郑某在培训期间不属于某服务公司正式员工,不构成劳动关系。二者间只是《中华人民共和国合同法》(现已废止,相关规定见《中华人民共和国民法典》)意义上的培训关系,而不属于《中华人民共和国劳动合同法》意义上的劳动关系。(2)《岗前培训协议》约定:待培训结束合格后,正式上岗并签订劳动合同方可成为甲方正式员工,与甲方产生劳动关系,正式计算工龄。因此,培训结束并经考核合格,是某服务公司录用郑某的前提。郑某实操培训期间因个人原因受伤,自

2019 年 3 月 29 日受伤后一直在家治疗休养，某服务公司也未录用其正式上岗工作，双方之间没有形成事实劳动关系。（3）根据《岗前培训协议》约定：乙方在参加岗前培训期间，甲方补助乙方每人 1 500 元。明确为补助，并非郑某工资。2019 年 4 月 19 日，某服务公司已将 1 500 元补助发放至郑某银行卡中。

观点 2：存在劳动关系。

参照《关于确立劳动关系有关事项的通知》（劳社部发〔2005〕12 号）第一条之规定，确认劳动者与用人单位是否存在劳动关系，应根据劳动者是否实际接受用人单位的管理、指挥或监督，劳动者提供的劳动是否是用人单位业务的组成部分，用人单位是否向劳动者提供基本劳动条件以及向劳动者支付报酬等因素综合判断。首先，某服务公司承认郑某在培训期间，由其进行管理、安排和考勤；郑某在进入高铁车队后，由某服务公司委托某客运段高铁组对郑某进行管理、安排和考勤，某服务公司对郑某进行考核。其次，某服务公司对郑某的岗前乘务培训，其目的是将郑某培训合格后，派遣至高铁组做乘务工作，故郑某所做工作属于某服务公司业务范围。再次，某服务公司称其于 2019 年 4 月 19 日向郑某支付的 1 500 元为培训期间（2019 年 2 月 26 日至 4 月 1 日）补助，郑某称该笔转账为工资，并提交中国工商银行借记卡账户历史明细清单予以证明，根据该中国工商银行借记卡账户历史明细清单，某服务公司转账的摘要栏显示为“工资”，某服务公司所称与其实际标注内容相互矛盾，且没有给予合理说明。

【法院裁判要旨】

仲裁认为：

郑某与某服务公司于 2019 年 2 月 26 日建立劳动关系。某区人力资源和社会保障局认定郑某受到的事故伤害为工伤，某市劳动能力鉴定委员会鉴定其为 9 级伤残。虽然郑某与某服务公司未签订劳动合同，某服务公司未给其缴纳社会保险，但根据《工伤保险条例》的规定，未参加工伤保险的用人单位职工发生工伤的，由该用人单位按照《工伤保险条例》规定的工伤保险待遇项目和标准支付费用。故,郑某的工伤保险待遇和标准由某服务公司支付。本案中未有证据证明郑某的受伤系因某客运段导致,故本案涉及的工伤保险待遇支付义务由某服务公司承担。因郑某要求确认 2020 年 11 月 4 日双方解除劳动关系,故确认郑某与某服务公司的劳动关系于 2020 年 11 月 4 日解除。

仲裁结果:

2021 年 6 月,某区劳动人事争议仲裁委员会裁决:

确认郑某与某服务公司的劳动关系于 2020 年 11 月 4 日解除。某服务公司支付郑某一次性工伤医疗补助金和一次性伤残就业补助金 136 608 元,一次性伤残补助金 17 100 元,停工留薪期工资 4 709 元,住院期间陪护费 2 162 元,住院伙食补助费 528 元,劳动能力鉴定费 600 元。

郑某不服仲裁裁决,向某区人民法院提起诉讼。

2021 年 7 月,郑某提出撤诉申请,某区人民法院准许郑某撤诉。仲裁裁决生效。

【指导意义】

对办理同类案件的意义:

1. 虽未签订书面劳动合同,但仍可能成立劳动关系。根据《关于确立劳动关系有关事项的通知》(劳社部发〔2005〕12 号)可知,本案中,虽然郑某与某服务公司只签订了《岗前培训协议》,没有签订书面劳动合同,但是从双方的主体资格,管理、考勤并发放报酬等情况来看,郑某提供的劳动是某服务公司业务的组成部分,所以二者之间成立劳动关系。从此案我们可知,铁路企业在临时使用路外人员时,应注意从主体资格、劳动管理、报酬发放等方面规范用工管理,避免发生争议后被认定为劳动关系。

2. 缴纳社保费用、承担工伤保险责任是劳务派遣单位的法定义务。《中华人民共和国劳动合同法》规定了劳务派遣单位与被派遣劳动者应订立劳动合同,劳动合同应具备社会保险条款的内容。《劳务派遣暂行规定》更进一步明确了劳务派遣单位应为被派遣劳动者缴纳社会保险费,办理社会保险相关手续,承担工伤保险责任。因此,在涉及劳务派遣人员的案件中,铁路企业在与劳务派遣公司签订《劳务派遣协议》时,应明确约定劳务派遣单位的法定义务,诸如缴纳社保费用、承担工伤保险责任等,并且还要进一步约定,如因此产生争议,由劳务派遣公司负责,与铁路企业无关。

对规范铁路企业经营管理行为的意义:

1. 使用派遣人员必须同派遣公司签订劳务派遣协议。劳务派遣的最大特点是劳动力雇佣与劳动力使用相分离,派遣人员(劳动者)不与被派遣、企业签订劳动合同、发生劳动关系,而是与派遣公司存在劳动关系,但却被派遣至被派遣企业劳动,形成"有关系没劳动,有劳动没关系"的特殊形态。实践中,派遣人员在劳动争议中为获得有利地位,经常性地将铁路企业列为共同被告。因此,铁路企业在使用派遣人员时,必须按照《劳务派遣暂行规定》的要求签订劳务派遣协议,用法律赋予的权力维护自身合法权益。

2. 派遣协议要明确约定派遣公司的义务。《劳务派遣暂行规定》规定:"劳务派遣单位承担工伤保险责任,但可以与用工单位约定补偿办法。"本案中,某客运段在同某服务公司签订的《劳务派遣协议》中明确约定"工伤保险责任由某服务公司承担"。所以郑某不能要求某客运段承担工伤保险责任。因此,铁路企业在签订劳务派遣协议时,一定要把容易引起法律纠纷的情形约定全面、清楚,不产生歧义。

【法规链接】

案件裁判法律依据:

1.《中华人民共和国劳动合同法》(2013 年 7 月 1 日起施行)

第七条　用人单位自用工之日起即与劳动者建立劳动关系。用人单位应当建立职工名册备查。

第三十八条　用人单位有下列情形之一的,劳动者可以解除劳动

合同:

(一)未按照劳动合同约定提供劳动保护或者劳动条件的;

(二)未及时足额支付劳动报酬的;

(三)未依法为劳动者缴纳社会保险费的;

(四)用人单位的规章制度违反法律、法规的规定,损害劳动者权益的;

(五)因本法第二十六条第一款规定的情形致使劳动合同无效的;

(六)法律、行政法规规定劳动者可以解除劳动合同的其他情形。

用人单位以暴力、威胁或者非法限制人身自由的手段强迫劳动者劳动的,或者用人单位违章指挥、强令冒险作业危及劳动者人身安全的,劳动者可以立即解除劳动合同,不需事先告知用人单位。

第四十六条　有下列情形之一的,用人单位应当向劳动者支付经济补偿:

(一)劳动者依照本法第三十八条规定解除劳动合同的;

(二)用人单位依照本法第三十六条规定向劳动者提出解除劳动合同并与劳动者协商一致解除劳动合同的;

(三)用人单位依照本法第四十条规定解除劳动合同的;

(四)用人单位依照本法第四十一条第一款规定解除劳动合同的;

(五)除用人单位维持或者提高劳动合同约定条件续订劳动合同,劳动者不同意续订的情形外,依照本法第四十四条第一项规定终止固定期限劳动合同的;

(六)依照本法第四十四条第四项、第五项规定终止劳动合同的;

(七)法律、行政法规规定的其他情形。

2.《工伤保险条例》(2004 年 1 月 1 日起施行,2010 年 12 月 20 日修订)

第三十三条　职工因工作遭受事故伤害或者患职业病需要暂停工作接受工伤医疗的,在停工留薪期内,原工资福利待遇不变,由所在单位按月支付。

第三十七条 职工因工致残被鉴定为七级至十级伤残的，享受以下待遇：

（一）从工伤保险基金按伤残等级支付一次性伤残补助金，标准为：七级伤残为13个月的本人工资，八级伤残为11个月的本人工资，九级伤残为9个月的本人工资，十级伤残为7个月的本人工资；

第六十二条第二款 依照本条例规定应当参加工伤保险而未参加工伤保险的用人单位职工发生工伤的，由该用人单位按照本条例规定的工伤保险待遇项目和标准支付费用。

3.《关于确立劳动关系有关事项的通知》（劳社部发〔2005〕12号，2005年5月25日发布）

第一条 用人单位招用劳动者未订立书面劳动合同，但同时具备下列情形的，劳动关系成立。

（一）用人单位和劳动者符合法律、法规规定的主体资格；

（二）用人单位依法制定的各项劳动规章制度适用于劳动者，劳动者受用人单位的劳动管理，从事用人单位安排的有报酬的劳动；

（三）劳动者提供的劳动是用人单位业务的组成部分。

4.《劳务派遣暂行规定》（2014年3月1日起施行）

第八条 劳务派遣单位应当对被派遣劳动者履行下列义务：

（一）如实告知被派遣劳动者劳动合同法第八条规定的事项、应遵守的规章制度以及劳务派遣协议的内容；

（二）建立培训制度，对被派遣劳动者进行上岗知识、安全教育培训；

（三）按照国家规定和劳务派遣协议约定，依法支付被派遣劳动者的劳动报酬和相关待遇；

（四）按照国家规定和劳务派遣协议约定，依法为被派遣劳动者缴纳社会保险费，并办理社会保险相关手续；

（五）督促用工单位依法为被派遣劳动者提供劳动保护和劳动安全卫生条件；

(六)依法出具解除或者终止劳动合同的证明;

(七)协助处理被派遣劳动者与用工单位的纠纷;

(八)法律、法规和规章规定的其他事项。

第十条　被派遣劳动者在用工单位因工作遭受事故伤害的,劳务派遣单位应当依法申请工伤认定,用工单位应当协助工伤认定的调查核实工作。劳务派遣单位承担工伤保险责任,但可以与用工单位约定补偿办法。

未收到书面调令不能作为劳动者不知权利被侵犯的唯一理由

——李某诉某铁路公安局某公安处、中国铁路某局集团有限公司劳动争议案

【案件基本信息】

原告:李某。

被告:某铁路公安局某公安处,中国铁路某局集团有限公司。

案由:劳动争议。

裁判文书字号:某劳人仲裁字(2020)第172号仲裁裁决书,(2021)豫0304民初196号民事判决书,(2021)豫03民终2789号民事判决书,(2022)豫民申718号民事裁定书。

【基本案情】

原告诉称:原告李某于1986年11月参军,1990年12月退伍。1991年6月,某铁路分局劳资科制作《复退军人接受分配通知书》,将李某分配至某铁路分局某工务段(现中国铁路某局集团有限公司,某工务段以下简称某工务段)工作。1993年3月27日,某工务段制作"某工(93)字第062号"命令,通知李某调至某铁路公安局某公安处(以下简称某公安处)另行分配工作。1993年6月20日,某公安处制作某铁公警(93)字第63号命令,通知分配李某到某车站公安所任民警,试用期一年(1993年4月1日起施行),随后将李某的档案材料调至某公安处。1993年10月21日,某公安处将李某退回原单位另行安排工作。调动工作的人事命令通知抄送本人一份、某工务段一份及存

档一份均放在其个人档案中,且其档案一直存放于某公安处。1993 年 11 月23 日,某公安处组织干部科出具《调转人员办理手续表》和《工资关系转移介绍信》。2006 年 1 月,李某以灵活就业方式办理企业养老保险。2009 年 12 月 4 日,某市某区职业介绍服务中心向某公安处出具《职工商调函》,将其档案转至服务中心。2009 年 12 月23 日,某公安处将李某档案转至某市某区职业介绍服务中心。2020 年 11 月 9 日,李某向某市劳动人事争议仲裁委申请劳动仲裁,要求确认与被申请人与某公安处、某集团公司存在劳动关系。2021 年 1 月 7 日,某市劳动人事争议仲裁委员会制作某劳人仲裁字(2020)第 172 号仲裁裁决书,确认李某自 1991 年 6 月至 1993 年 3 月 31 日期间与某铁路集团有限公司、1993 年 4 月 1 日至 1993 年 11 月 1 日与某公安处存在事实劳动关系。李某不服仲裁裁决,向某市某区人民法院提起诉讼。请求:(1)依法确认 1986 年 11 月 19 日至 1993 年 3 月 31 日与被告某集团公司形成劳动关系,1993 年 4 月 1 日至 2019 年 12 月 31 日与被告某公安处形成劳动关系;(2)依法判决两被告为原告办理养老保险及医疗保险手续,并支付单位应缴纳的养老及医疗保险费用。

被告某公安处辩称:(1)原告的诉讼请求缺乏事实和法律依据,请求法院不予支持。1993 年 4 月至 10 月间,原告虽然在答辩人单位上班,但其人事关系在某铁路分局。1993 年 11 月 28 日,李某因个人过错原因被退回某工务段,答辩人为其办理调转人员交接手续后,原告再也未到答辩人处上班。(2)原告被退回某工务段后,未去报到。(3)2006 年 1 月 1 日起,李某已经以某市灵活就业人员身份缴纳企业养老保险。(4)2009 年 12 月,李某向某市某区职介服务中心申请,将自己的档案转入该中心,该中心发出商调函,答辩人随即将其档案转出。(5)原告“依法判决两被告为原告办理养老保险及医疗保险手续,并支付单位应缴纳的养老及医疗保险费用”不属于受案范围,应予驳回。(6)本案提起的诉讼早已超过一年的劳动争议仲裁时效,应予驳回。

被告某集团公司辩称:(1)某市劳动人事争议仲裁委作出的裁决

结果予以认可,但没有实际履行意义。(2)原告起诉超过劳动争议仲裁时效,请求驳回全部诉求。

法院审理查明:1991 年 6 月,原告李某分配到某工务段工作。1993 年 3 月 27 日,李某调至某站任民警。1993 年 10 月 22 日,李某被退调至某工务段另行分配工作。2006 年,李某以灵活就业身份在某市缴纳企业养老保险。2009 年,个人档案材料转至某市某区职业介绍服务中心。

【案件焦点】

案件焦点:李某提起劳动争议仲裁是否超过仲裁时效。

观点 1:没有超过仲裁时效。劳动争议仲裁调解法规定,劳动争议申请仲裁的时效期间为一年。仲裁时效期间从当事人知道和应当知道其权利被侵害之日起计算。因不可抗力或者有其他正当理由,当事人不能在规定仲裁时效期间申请仲裁的,仲裁时效中止。本案中,李某主张本人工作调动的书面通知被用人单位人为扣押,且处于持续状态,因此,本人提起劳动仲裁并未超过时效。

观点 2:已超过仲裁时效。1993 年 10 月 21 日,某公安处将李某退回原单位另行安排工作。李某在 2006 年以灵活就业身份在某市缴纳企业养老保险。2009 年,档案材料转至某市某区职业介绍服务中心,期间李某应当知道自己的权利被侵害,其称 2019 年看到档案时才发现自己的权利被侵害,事实和法律依据不足,已明显超过劳动争议申请仲裁的一年时效期间。综合判断,应当认定其提起劳动争议仲裁已超过法定仲裁时效。

【法院裁判要旨】

仲裁认为:

申请人要求依法确认 1986 年 11 月至 2020 年 4 月期间申请人与被申请人某铁路公安处之间形成事实劳动关系的仲裁请求。申请人李某退伍后于 1991 年 6 月分配至某工务段工作。1993 年 3 月 27 日,调至某铁路公安处某站任民警。1993 年 10 月 22 日,调至原工作单位另行分配工作。申请人认可其自 1993 年 11 月之后不再到被申请人处工作。

仲裁结果:

确认申请人自 1991 年 6 月至 1993 年 3 月 31 日期间与某局集团公司之间存在事实劳动关系。1993 年 4 月 1 日至 1993 年 11 月 1 日期间与某铁路公安处之间存在事实劳动关系。

李某不服仲裁裁决决,向某区人民法院提起诉讼。

一审法院认为:

1991 年 6 月,原告李某分配到某工务段工作。1993 年 3 月 27 日,李某调至某站任民警。1993 年 10 月 22 日,李某被退调至某工务段另行分配工作。2006 年,李某以灵活就业身份在某市缴纳企业养老保险。2009 年,李某个人档案材料转至某市某区职业介绍服务中心,这期间其应当知道自己的权利被侵害,但其自述直到 2019 年看到档案时才发现自己的权利被侵害的主张,显然不能成立。至于调令应抄送本人而未抄送,只能说明某公安处办理退回手续时存在瑕疵。

《中华人民共和国劳动争议调解仲裁法》第二十七条规定:“劳动争议申请仲裁的时效期间为一年。仲裁时效期间从当事人知道或者应当知道其权利被侵害之日起计算。”李某直到 2020 年才提起劳动争议仲裁,已超过仲裁时效,本院不予支持。

一审判决结果:

2019 年 12 月,某市某区人民法院判决:

驳回原告李某的诉讼请求。

李某不服一审判决,向某市中级人民法院提起上诉。

二审法院认为:

上诉人李某于 1991 年 6 月被分配到某工务段处工作。1993 年 4 月 1 日,工作调动至某铁路公安处某站任民警,试用期 1 年。1993 年 10 月 21 日,李某被退回某工务段另行分配工作。2006 年,李某以灵活就业身份在某市缴纳企业养老保险。2009 年,其个人档案材料转至某市某区职业介绍服务中心。这期间其应当知道自己的权利被侵害，但其自述直到2019年看到档案时才发现自己的权利被侵害，2020年李某才申请劳动仲裁。因此，李某向法院提出的诉讼请求，一审不予支持并无不当。李某的上诉请求不能成立，应予驳回；一审判决认定事实清楚，适用法律正确，应予维持。

二审判决结果：

2021年7月，某市中级人民法院判决：驳回上诉，维持原判。

李某不服终审判决，向某省高级人民法院申请再审。

再审法院认为：

本案审查的重点是李某提起的劳动争议之诉是否超过法定仲裁时效。《中华人民共和国劳动争议调解仲裁法》第二十七条规定："劳动争议申请仲裁的时效期间为一年。仲裁时效期间从当事人知道和应当知道其权利被侵害之日起计算。前款规定的仲裁时效，因当事人一方向对方当事人主张权利，或者向有关部门请求权利救济，或者对方当事人同意履行义务而中断。从中断时起，仲裁时效重新计算。因不可抗力或者有其他正当理由，当事人不能在本条第一款规定的仲裁时效期间申请仲裁的，仲裁时效中止。从中止时效的原因消除之日起，仲裁时效期间继续计算。"1993年10月21日，李某被退回某工务段另行分配工作。2006年，李某以灵活就业身份在某市缴纳企业养老保险。2009年，李某档案材料转至某市某区职业介绍服务中心。这期间，李某应当知道自己的权利被侵害，但其自述直到2019年看到档案时才发现自己的权利被侵害，其主张显然不能成立。2020年李某才申请劳动仲裁，已经超过法定的仲裁时效期间。李某提交的证据不能证明本案存在仲裁时效中止、中断的法定情形，故原审判决未支持李某诉讼请求适用法律并无不当。

再审裁定结果：

2022年2月，某省高级人民法院裁定：

驳回李某的再审申请。

【指导意义】

对办理同类案件的意义:

1. 正确适用劳动争议仲裁时效是取得案件胜诉的快捷路径。劳动争议仲裁时效的期间为一年,且从当事人知道或者应当知道其权利被侵害之日起计算。本案中,李某自1993年10月21日退回某工务段另行分配工作,至2009年档案材料转至某市某区职业介绍服务中心,期间其应当知道自己的权利被侵害,但其自述直到2019年看到档案时才发现自己的权利被侵害,2020年才申请劳动仲裁,已明显超过仲裁时效。最终,各级法院都以超过仲裁时效为由,驳回了李某的诉请。由此可以看出,仲裁时效在劳动争议案件中可以起到关键性的作用,在办理劳动争议类案时应注意运用。

2. 只有法定的事由才能构成劳动争议仲裁时效的中止和中断。《中华人民共和国劳动争议调解仲裁法》第二十七条规定了仲裁时效,《劳动人事争议仲裁办案规则》第二十七条、第二十八条对此进行了细化,明确了向对方当事人主张权利的方式和向哪些部门以哪种方式请求权利救济才是时效中断,以及造成时效中止的正当理由是什么。在办理劳动争议类案件中,需要细心掌握,加以区分。

对规范铁路企业经营管理行为的意义:

单位应规范办理职工工作调动等人事命令手续。调令等人事命令是用人单位间出具的,证明职工工作调动的书面证明,不仅是劳动关系的重要证明文件,而且对劳动者与新用人单位建立劳动关系密切相关。因此,铁路企业在职工调动及其他人事调整时,要规范办理相关手续,并按照规定存档、抄送职工本人及相关单位,这样才能让职工本人及时知悉自己的权利义务,也能够保证铁路企业依法合规行使管理权,维护铁路企业的合法用工权益。

【法规链接】

案件裁判法律依据：

1.《中华人民共和国劳动争议调解仲裁法》(2008 年 5 月 1 日起施行)

第二十七条　劳动争议申请仲裁的时效期间为一年。仲裁时效期间从当事人知道或者应当知道其权利被侵害之日起计算。

前款规定的仲裁时效，因当事人一方向对方当事人主张权利，或者向有关部门请求权利救济，或者对方当事人同意履行义务而中断。从中断时起，仲裁时效期间重新计算。

因不可抗力或者有其他正当理由，当事人不能在本条第一款规定的仲裁时效期间申请仲裁的，仲裁时效中止。从中止时效的原因消除之日起，仲裁时效期间继续计算。

2.《劳动人事争议仲裁办案规则》(2017 年 7 月 1 日起施行)

第二十七条　在申请仲裁的时效期间内，有下列情形之一的，仲裁时效中断：

(一)一方当事人通过协商、申请调解等方式向对方当事人主张权利的；

(二)一方当事人通过向有关部门投诉，向仲裁委员会申请仲裁，向人民法院起诉或者申请支付令等方式请求权利救济的；

(三)对方当事人同意履行义务的。

从中断时起，仲裁时效期间重新计算。

第二十八条　因不可抗力，或者有无民事行为能力或者限制民事行为能力劳动者的法定代理人未确定等其他正当理由，当事人不能在规定的仲裁时效期间申请仲裁的，仲裁时效中止。从中止时效的原因消除之日起，仲裁时效期间继续计算。

双方协商一致可续签固定期限劳动合同

——靳某诉某人力资源管理公司、某铁道旅游集团劳动争议案

【案件基本信息】

原告:靳某。

被告:某人力资源管理公司,某铁道旅游集团有限责任公司。

案由:劳动争议。

裁判文书字号:(2020)豫0102民初6756号民事判决书,(2021)豫01民终2718号民事判决书,(2021)豫民申8566号民事裁定书。

【基本案情】

原告诉称:2014年1月1日至2020年1月1日期间,靳某与某人力资源管理公司陆续签订六份固定期限《劳动合同书》,合同约定靳某作为劳动者由用人单位某人力资源管理公司安排从事售票员工作。2020年9月,靳某以某人力资源管理公司未给其交付2013年2月至2016年3月的医疗保险、生育保险,2013年2月至2016年2月的失业保险,自2018年12月开始没有按照最低工资标准发放工资,且在工作过程中违规收取押金为由,向法院起诉要求解除劳动关系,某人力资源管理公司支付欠缴的社保费用、经济补偿金、双倍工资等共计116 499.38元,某铁道旅游集团有限责任公司(以下简称某铁道旅游集团)承担连带赔偿责任。靳某的主要观点有:(1)经在社保局查询,某人力资源管理公司未给原告靳某缴纳2013年2月至2016年3月的医疗保险、生育保险,2013年2月至2016年2月的失业保险;(2)自

2018 年 12 月起某人力资源管理公司没有按照最低工资标准发放工资,且在工作过程中违规收取押金;(3)原告靳某与某人力资源管理公司前后一共签订 6 次固定期限劳动合同,按照《中华人民共和国劳动法》规定,用人单位应当同劳动者签订无固定期限劳动合同,某人力资源管理公司违反法律规定,应当支付双倍工资;(4)原告靳某从 2012 年入职到 2020 年在岗期间,某人力资源管理公司未让其休过一天公休假,违反《中华人民共和国劳动法》。

被告某人力资源管理公司辩称:(1)原告靳某以欠缴 2013 年 2 月至 2016 年 3 月期间的社保为由主张解除劳动合同已超出法律规定的时效,且欠缴社保不属于法院的受理范围。(2)因靳某在 2019 年 3 月至 11 月和 2020 年 1 月至 7 月均待岗休息,所以对其出勤、绩效考核后发放的工资存在低于最低工资标准的情形,但在 2020 年 9 月已将核算差额部分给其进行了补足。(3)某人力资源管理公司同原告靳某签订的 6 份固定期限劳动合同均是双方协商一致签订的,不违反法律规定。(4)原告靳某从未主张带薪休假,且其在 2019 年除休产假和事假外,带薪待岗长达 5 个月,2020 年带薪待岗 6 个月,已经远超出其应休假天数。

被告某铁道旅游集团辩称:(1)某铁道旅游集团与靳某是劳务派遣关系,不是劳动合同法律关系,其损失(即使存在)不应由某铁道旅游集团承担。(2)靳某陈述事实与实际情况不符,各项诉讼请求也无法律依据。(3)某铁道旅游集团未对靳某造成任何损害,不应承担连带赔偿责任。

法院审理查明:2014 年 1 月 1 日至 2020 年 1 月 1 日期间,靳某与某人力资源管理公司陆续签订六份固定期限《劳动合同书》,合同约定靳某作为劳动者由用人单位某人力资源管理公司安排从事售票员工作,实行综合工作制度,劳动报酬为岗位工资,双方按照国家和当地政府规定参加社会保险,按时足额缴纳社会保险费。后靳某先后被派遣到用工单位某车站实业开发公司、某铁道旅游集团从事售票工作。

【案件焦点】

案件焦点:某人力资源管理公司是否应当同靳某签订无固定期限

劳动合同。

观点1:《中华人民共和国劳动合同法》第十四条规定,连续订立两次固定期限劳动合同,且劳动者没有本法第三十九条和第四十条第一项、第二项规定的情形,劳动者提出或者同意续订、订立劳动合同的,除劳动者提出订立固定期限劳动合同外,应当订立无固定期限劳动合同。某人力资源管理公司同靳某先后签订了6份固定期限劳动合同,按照法律规定从第三份起应签订无固定期限劳动合同。

观点2:法律只规定劳动者提出订立无固定期限劳动合同的情况下,用人单位应当订立,在劳动者未提出订立无固定期限劳动合同的情况下,用人单位也可同劳动者协商一致订立固定期限劳动合同。

【法院裁判要旨】

一审法院认为:

(1)原告在劳动合同期限内,单方提出解除劳动合同,没有跟被告某人力资源管理公司协商一致,因此对原告解除劳动合同关系的请求不予支持。(2)某人力资源管理公司已经为靳某办理了社会保险手续,即使欠缴社会保险费用也应由劳动保障部门查处,追缴社保费用的诉讼请求不属于人民法院受理劳动争议案件的受案范围。(3)在劳动者未提出订立无固定期限劳动合同的情况下,用人单位并非不能提出订立固定期限劳动合同,本案中某人力资源管理公司已经与原告订立固定期限劳动合同,并不违法,对原告请求支付未签订固定期限劳动合同的双倍工资请求不予支持。(4)本案证据显示,自2016年起某人力资源管理公司即为原告缴纳了各项社会保险,原告也未提供两被告违规收取押金的证据。同时,原告长期备班,很少为公司创造效益,在新冠肺炎疫情严重,公司经营效益严重受损的情况下仍为其正常发放工资,是负责任的行为,对原告诉请的经济补偿金、工资差额、带薪休假工资、押金均不予支持。

一审判决结果:

2021年1月,某区人民法院判决:

驳回原告靳某的诉讼请求。

靳某不服一审判决,向某市中级人民法院提起上诉。

二审法院认为:

二审中,虽然靳某提供工资流水、售票系统拍照截图、企业养老保险查询单等证据,但不能充分证明其主张。一审判决认定事实清楚,适用法律正确,应予维持。

二审判决结果:

2020 年 4 月,某市中级人民法院判决:

驳回原告靳某的诉讼请求。

【指导意义】

对办理同类案件的意义:

1. 协商一致的固定期限劳动合同不违反法律规定。《中华人民共和国劳动合同法》规定,连续订立两次固定期限劳动合同,且劳动者没有本法第三十九条和第四十条第一项、第二项规定的情形,应当订立无固定期限劳动合同。因此劳动者有选择签订无固定期限劳动合同的权利,但此规定并不排除劳动者和用人单位双方协商一致继续订立固定期限劳动合同。如果劳动者不能证明第三次签订固定期限劳动合同时违背了其意愿,或双方并未协商一致,则法院将认定固定期限劳动合同有效。

2. 明确劳务派遣关系有利于划分劳动争议纠纷责任主体。劳务派遣中包含三方面法律关系,一是劳务派遣单位与被派遣劳动者之间的劳动关系。在劳务派遣中,派遣单位与被派遣劳动者之间签订劳动合同建立劳动关系,应当履行《中华人民共和国劳动合同法》规定的用人单位对劳动者的义务。二是派遣单位与用工单位之间的民事合同关系。派遣单位应当与用工单位签订劳务派遣协议,按照协议约定履行相关权利义务。三是劳动者与用工单位之间的特殊权利义务关系,劳动者与用工单位之间既没有劳动合同也没有民事合同,但用工单位仍然要对被派遣劳动者履行法律规定的义务和派遣协议约定的义务。本案中铁路企业通过提供劳务派遣单位与被派遣劳动者的劳动合同,向劳务派遣单位支付足额劳务派遣合同价款等材料,证明了铁路企业作为用工单位与被派遣劳动者之间不存在劳动关系,且自身已履行了劳务派遣合同义务,从而使法院判决不承担责任。

对规范铁路企业经营管理行为的意义:

在劳务派遣法律关系中,铁路企业往往扮演着用人单位的角色,为了不与劳动者、派遣单位发生用工纠纷,铁路企业应当注意以下事项:

1. 劳动合同是明确劳动关系的根本依据。为了防范化解事实用工风险,铁路企业在使用劳务派遣工时,应当与派遣公司明确约定派遣公司同劳动者签订劳动合同的义务,防止派遣公司与劳动者不签、迟签劳动合同。

2. 欠缴社保是发生用工纠纷的重要诱因。在劳务派遣纠纷中,有相当的比重是因派遣单位欠缴社保造成的。因此铁路企业应当与派遣公司明确派遣公司有缴纳社会保险的法定义务并承担没有依法缴纳的法律责任,防止派遣公司不缴、漏缴社保。

3. 规范工资发放是防止纠纷的重要手段。派遣公司如果拖欠、克扣劳动者工资会导致劳动者难以安心工作甚至引发纠纷。铁路企业在派遣合同中应明确规定派遣公司发放工资的日期,规定未经用工企业同意,派遣公司不得以任何名目直接扣除劳动者工资,并且加强对派遣单位监督考察,及时发现、纠正派遣公司的拖欠、克扣劳动者工资的行为。

4. 其他重要事项也应在合同中明确。铁路企业应在劳务派遣合同中明确约定派遣员工在哪些情形下可以退回劳务公司及员工的退回方式、工伤事故、劳动纠纷的处理方式及费用分摊、违约责任及争议解决方式等关键内容,全面完善劳务派遣合同条款。

【法规链接】

案件裁判法律依据:

《中华人民共和国劳动合同法》(2013 年 7 月 1 日起施行)

第十四条　无固定期限劳动合同,是指用人单位与劳动者约定无确定终止时间的劳动合同。

用人单位与劳动者协商一致，可以订立无固定期限劳动合同。有下列情形之一，劳动者提出或者同意续订、订立劳动合同的，除劳动者提出订立固定期限劳动合同外，应当订立无固定期限劳动合同：

（一）劳动者在该用人单位连续工作满十年的；

（二）用人单位初次实行劳动合同制度或者国有企业改制重新订立劳动合同时，劳动者在该用人单位连续工作满十年且距法定退休年龄不足十年的；

（三）连续订立二次固定期限劳动合同，且劳动者没有本法第三十九条和第四十条第一项、第二项规定的情形，续订劳动合同的。

用人单位自用工之日起满一年不与劳动者订立书面劳动合同的，视为用人单位与劳动者已订立无固定期限劳动合同。

第三十六条　用人单位与劳动者协商一致，可以解除劳动合同。

第三十七条　劳动者提前三十日以书面形式通知用人单位，可以解除劳动合同。劳动者在试用期内提前三日通知用人单位，可以解除劳动合同。

第三十八条　用人单位有下列情形之一的，劳动者可以解除劳动合同：

（一）未按照劳动合同约定提供劳动保护或者劳动条件的；

（二）未及时足额支付劳动报酬的；

（三）未依法为劳动者缴纳社会保险费的；

（四）用人单位的规章制度违反法律、法规的规定，损害劳动者权益的；

（五）因本法第二十六条第一款规定的情形致使劳动合同无效的；

（六）法律、行政法规规定劳动者可以解除劳动合同的其他情形。

用人单位以暴力、威胁或者非法限制人身自由的手段强迫劳动者劳动的，或者用人单位违章指挥、强令冒险作业危及劳动者人身安全的，劳动者可以立即解除劳动合同，不需事先告知用人单位。

违反单位规章制度长期旷工单位有权解除劳动合同

——张某诉某机务段劳动争议案

【案件基本信息】

申请人(被告、上诉人、再审申请人、检察监督申请人):张某。

被申请人(原告、被上诉人、再审被申请人、检察监督被申请人):中国铁路某局集团有限公司某机务段。

案由:劳动争议。

裁判文书字号:卫滨劳人仲裁字(2019)027 号仲裁裁决书,(2019)豫 0703 民初 116 号民事判决书,(2019)豫 07 民终 5639 号民事判决书,(2020)豫民申 6088 号民事裁定书,新市检民监(2021)41070000252 号不支持监督申请决定书。

【基本案情】

申请人(被告、上诉人、再审申请人、检察监督申请人)诉称:2007 年张某进入中国铁路某局集团有限公司某机务段(以下简称某机务段)工作。2017 年 6 月至 2018 年 3 月期间,经向车间请假,张某回家照顾病重的父母。2018 年 3 月 10 日回单位报到,申请正式上岗。重新培训三个月后,2018 年 6 月 22 日单位以张某旷工为由,停止了张某的工作,并于 2019 年 1 月 19 日下达了《解除劳动合同通知书》。张某对单位解除劳动合同决定不认可,提起劳动仲裁,要求裁决某机务段解除劳动合同无效,并恢复工作。

被申请人(原告、被上诉人、再审被申请人、检察监督被申请人)辩

称：张某旷工长达7个月，严重违反单位规章制度。自2017年9月起，张某无故不来上班，未向单位说明情况，更未向单位请假。依据《中华人民共和国劳动合同法》和单位规章制度，在征求段车间工会、段工会、劳动人事部门与单位负责人意见后，经党政联席会研究决议，于2019年1月7日解除了与张某劳动合同，并于2019年1月14日将解除通知送至张某。

法院审理查明：2008年7月16日，某机务段和张某签订《劳动合同书》一份，合同期限为无固定期限。2017年9月至2018年3月，被告张某因家庭原因未履行请假手续，旷工7个月，2018年4月8日返岗工作。2018年6月，某机务段按上级单位要求，对旷工人员予以开除并解除劳动合同。2019年1月2日起，某机务段对张某解除劳动合同的事情进行审批，2019年1月2日由车间工会审批同意，2019年1月3日由劳动人事科和段工会审批同意，2019年1月7日由某机务段审批同意。2019年1月9日，某机务段作出解除与张某劳动合同的通知。2019年1月14日作出《解除劳动合同通知书》，通知内容为解除与张某的劳动合同，并将该通知书送达了张某。

【案件焦点】

案件焦点一：张某旷工事实是否存在。

观点1：张某旷工事实不存在。张某没能到单位工作是为了照顾病重的父母，且事先向车间请了假，这种情况不能认定为旷工。

观点2：张某旷工事实存在。张某未按单位规定履行请假手续，未向单位说明情况，旷工时间累计长达7个月，且张某在个人情况说明中对其未到岗的时间和未履行请假手续的事实均予以认可，已严重违反单位规章制度。

案件焦点二：单位解除劳动合同的行为是否合法。

观点1：单位解除劳动合同的行为不合法。某机务段只是某局集团公司的分公司不具有独立的人事权，无权解除与张某的劳动合同。解除劳动合同依据的《××局劳动合同管理办法》没有公示，不具有法律约束力。

观点2:单位解除劳动合同的行为合法。某机务段有权解除劳动合同。双方《劳动合同书》甲方一栏就是某机务段,而且张某的工作地点、工资发放、社保缴纳均是某机务段,某机务段作为用人单位,有权解除合同。张某旷工时间长达7个月,严重违反单位规章制度,依据劳动合同法和单位规章制度,单位事先已按规定告知了单位工会,在征求工会意见后,按照审批程序解除了与张某劳动合同,并将解除决定送达给了张某。《××局劳动合同管理办法》经过某局职工代表大会审议通过,该文件被制成小册子发给了每一名职工,张某所在班组配备的电脑上也公示了文件。同时,张某在其《思想道德考试卷》中的答题也证明了张某知道连续旷工超过15个工作日要解除劳动合同的规定。

【法院裁判要旨】

仲裁认为:

张某2017年9月至2018年3月期间旷工事实存在,但某机务段工会先审批同意解除劳动合同,段党政联席会后研究解除劳动事项,属于先审批同意后开会研究,程序瑕疵,解除行为无效。

仲裁结果:

2019年3月,某市某区劳动人事争议仲裁委员会仲裁裁决:

某机务段做出的解除劳动合同命令通知无效,自裁决生效之日起七个工作日恢复张某工作。

仲裁裁决后某机务段不服,向法院起诉。

一审法院认为:

2017年9月至2018年3月期间,张某的工资停发,考核记录显示未到岗,也未履行相应的请假手续,且张某在个人情况说明中对其未到岗的时间和未履行请假手续的事实均予以认可,可以认定张某的旷工客观事实存在。《××局劳动合同管理办法》是经过职代会合法通过的企业内部规范性文件,某机务段依据该文件解除与张某劳动合同于法有据。某机务段按规定先后征得车间工会、劳动人事科和段工会审批同意，并经党政联席会研究后，下达解除通知书，解除程序并无不妥，符合法律规定。

一审判决结果：

2019 年 9 月，某区人民法院判决：

某机务段做出的解除劳动合同行为合法有效，某机务段不恢复张某工作。

张某不服一审判决，向某市中级人民法院提起上诉。

二审法院认为：

张某的旷工客观事实存在，《××局劳动合同管理办法》是经过职代会合法通过的企业内部规范性文件，张某违反该规定。某机务段经工会同意，解除与张某劳动合同符合法律规定。

二审判决结果：

2020 年 2 月，某市中级人民法院判决：

判决驳回张某上诉，维持原判。

张某不服二审判决，向某省高级人民法院申请再审。

再审法院认为：

劳动者应遵守用人单位相关管理制度，需要请假的，应履行相应的请假手续。2017 年 9 月至 2018 年 3 月，张某因家庭原因未履行请假手续，而张某也未提供充足的证据证明其按规定履行了请假手续，其行为已构成旷工。某机务段慎重研究张某旷工问题并征得工会及上级主管部门的同意，最终作出解除劳动合同的决定。原审认定某机务段解除劳动合同的行为合法有效、某机务段不恢复张某的工作并无不当。

再审判决结果：

2020 年 12 月，某省高级人民法院判决：

驳回张某的再审申请。

张某不服法院判决，向某市人民检察院申请检察监督。

检察院认为：

张某旷工事实存在，某机务段解除劳动合同程序合法，法院作出某机务段不恢复张某工作的判决并无不当。

检察监督结果:

2021 年 11 月,某市人民检察院决定:

不支持张某检察监督申请。

【指导意义】

对办理同类案件的意义:

1. 固定违规职工存在旷工事实,是处理此类型案件的基础。职工违反单位规章制度,出现旷工行为时,铁路企业应当及时梳理职工出勤情况,核实旷工天数,及时保存职工考勤记录。同时,铁路企业应通过手机短信、微信、电话、书面通知等方式,将职工旷工事项告知职工本人,告知过程应采取截屏、录音、录像等方式进行记录,并作为证据予以留存。

2. 证明解除违规职工劳动合同程序合法,是处理此类型案件的关键。解除职工劳动合同涉及职工切身利益,法院、劳动仲裁机构在审理案件时,除查明职工是否存在旷工事实外,还重点关注单位解除职工劳动合同程序是否合法有效。铁路企业在应对此类案件时,还应重点从用工管理制度制定、职工签认学习记录、党政工会处理意见、解除送达程序等环节入手,全面收集单位解除程序符合法律规定和单位规章制度的证据,证明单位解除违规职工决议合法合规合理。

对规范铁路企业经营管理行为的意义:

1. 加强铁路企业职工遵规守纪教育。铁路企业规章制度落实与否,关系到生产经营秩序。铁路企业要积极组织开展职工教育培训,引导职工认真学习并执行企业的各项规章制度,严格按照制度规定的程序、流程办事,特别是在申请事假、病假时,事前要办理好请假手续,避免因未履行请假手续,发生违规违纪行为。

2. 提高劳动用工风险防控意识。用工管理事关铁路稳定根基,铁路企业应当进一步增强劳动用工风险防控意识,通过对照《中华人民共和国劳动法》《中华人民共和国劳动合同法》等法律法规,梳理本单位劳动用工制度建设及落实情况,分析查找劳动用工风险防控要点,及时对相关制度办法进行查漏补缺，对用工管理过程完善补强，保障职工队伍稳定。

【法规链接】

1.《中华人民共和国劳动合同法》(2013 年 7 月 1 日起施行)

第三十九条 劳动者有下列情形之一的，用人单位可以解除劳动合同：

(一)在试用期间被证明不符合录用条件的；

(二)严重违反用人单位的规章制度的；

(三)严重失职，营私舞弊，给用人单位造成重大损害的；

(四)劳动者同时与其他用人单位建立劳动关系，对完成本单位的工作任务造成严重影响，或者经用人单位提出，拒不改正的；

(五)因本法第二十六条第一款第一项规定的情形致使劳动合同无效的；

(六)被依法追究刑事责任的。

第四十三条 用人单位单方解除劳动合同，应当事先将理由通知工会。用人单位违反法律、行政法规规定或者劳动合同约定的，工会有权要求用人单位纠正。用人单位应当研究工会的意见，并将处理结果书面通知工会。

2.《中华人民共和国劳动争议调解仲裁法》(2008 年 5 月 1 日起施行)

第二条 中华人民共和国境内的用人单位与劳动者发生的下列劳动争议，适用本法：

(一)因确认劳动关系发生的争议；

(二)因订立、履行、变更、解除和终止劳动合同发生的争议；

(三)因除名、辞退和辞职、离职发生的争议；

(四)因工作时间、休息休假、社会保险、福利、培训以及劳动保护发生的争议；

(五)因劳动报酬、工伤医疗费、经济补偿或者赔偿金等发生的

争议;

(六)法律、法规规定的其他劳动争议。

第三条　解决劳动争议,应当根据事实,遵循合法、公正、及时、着重调解的原则,依法保护当事人的合法权益。

第六条　发生劳动争议,当事人对自己提出的主张,有责任提供证据。与争议事项有关的证据属于用人单位掌握管理的,用人单位应当提供;用人单位不提供的,应当承担不利后果。

合理运用劳动争议仲裁时效　赢得案件胜诉

——肖某诉某机务段劳动争议案

【案件基本信息】

原告:肖某。

被告:中国铁路某局集团有限公司某机务段。

案由:劳动争议。

裁判文书字号:某劳人仲裁字(2019)第 129 号仲裁裁决书,(2019)豫 0703 民初 2293 号民事判决书,(2020)豫 07 民终 1070 号民事判决书,(2020)豫民申 7042 号民事裁定书。

【基本案情】

2003 年 7 月 1 日,肖某和中国铁路某局集团有限公司某机务段(以下简称某机务段)签订无固定期限劳动合同书一份。肖某岗位为司机。2005 年 7 月 4 日,肖某和某机务段签订劳动合同变更协议一份,载明:"……劳动合同解除,自 2005 年 7 月 4 日起实行。"

2019 年 8 月 13 日,肖某向某市某区劳动人事争议仲裁委员会提出仲裁申请,要求依法裁决某机务段与其解除劳动关系的行为无效,恢复二者之间的劳动关系。2019 年 10 月 10 日该委员会受理肖某的申请,并于 2019 年 11 月 4 日作出仲裁裁决书,以超出仲裁时效为由,驳回肖某的仲裁请求。

肖某不服仲裁裁决,起诉至某市某区人民法院,主张应依法确认某机务段与肖某解除劳动合同行为违法。一审法院认为,2005 年 7 月 4 日,二者签订劳动合同变更协议,载明劳动合同解除。肖某在

2019 年 8 月 13 日才提出仲裁申请,已经超出仲裁时效,判决驳回肖某诉讼请求。肖某不服一审判决,向某市中级人民法院提起上诉,某市中级人民法院经审理后认为,肖某的主张已超过法律规定的仲裁时效,一审法院判决并无不当。判决驳回上诉,维持原判。本判决为终审判决。

肖某不服终审判决,向某省高级人民法院申请再审。

原告申请再审称:

1. 有新证据足以推翻原判决。新证据包括:(1)某机务段〔2005〕第 167 号文件,证明并非其本人意愿中断就业,用人单位主动解除劳动合同,肖某及时主张了权利;(2)失业保险金申领登记表,证明某机务段侵害肖某的权利、承认其非因本人意愿中断就业;(3)失业登记本和个人求职登记表,证明某机务段认可并非肖某本人意愿中断就业;(4)档案转递通知单,证明某机务段前后两次解除劳动合同,侵害其个人权利,肖某每次都及时主张权利。上述证据已经产生时效中断效力,根据国务院出台的退役军人相关政策,肖某作为退役军人,非本人意愿不得下岗失业。且根据法律规定,从权利被侵害之日起不超过 20 年的,人民法院都应给予保护。

2. 原判决认定的基本事实缺乏证据证明。肖某已在法定时效内及时主张权利,其办理失业证和失业金的过程及其他新证据均可证明。肖某于 2019 年得知国务院相关文件规定退役军人非本人原因不得下岗失业,又去找单位,明确得知单位不向其出具非本人意愿中断就业解除劳动合同证明,立即提起仲裁,属于时效中断情形。

3. 原判决认定事实的主要证据未经质证。案涉《劳动合同变更协议》未经质证。某机务段明知肖某向其主张权利,并同意履行义务,2019 年又突然不承认肖某系非本人原因中断就业,肖某当即申请仲裁,不超时效。一审法院只让肖某提供了电子证据目录,而证据本身都是纸质版的,移交到二审法院后,证据都进入了档案室,二审法官未注意到案件细节。

4. 原审适用法律错误。肖某系非本人意愿中断就业,某机务段也承认，直至2019年突然又不承认，拒不出具相关证明，肖某在知道其权利受到侵害时都及时主张了权利。

5. 原审违反法律规定，剥夺当事人的辩论权利。网络庭审发现不了问题和真相，剥夺了人与人正常的交流，有损公正。

6. 某机务段未告知肖某自愿申请解除劳动合同是否可领取失业金，而是以经济补偿金诱导职工主动辞职，规避政策不给予失业金，其规定不合法。用人单位逃避和不给予职工失业金损害了职工群体的合法权益，影响家庭、社会关系，应由国家进行强制干预，不受时效限制，并依法由人民陪审员参加合议庭审理案件。

7. 原审审判人员审理该案时有徇私舞弊、枉法裁判行为。一审法官认定超过时效，私下却让某机务段修改档案，改成肖某非本人意愿中断就业解除劳动合同证明，让肖某找单位。

法院审查认为：2003年7月1日肖某和某机务段签订劳动合同，2005年7月4日双方签订劳动合同变更协议，载明肖某申请辞职，双方签订的劳动合同解除。肖某于2019年8月13日申请劳动争议仲裁，要求依法裁决某机务段与肖某解除劳动关系无效，恢复双方之间的劳动关系。

肖某申请再审时称，某机务段为其办理了失业等手续，说明某机务段认可肖某系非本人意愿中断就业，是某机务段主动与肖某解除了劳动合同。但是，肖某提供的《失业保险金申领登记表》、《工人档案转递通知单》、失业证等证据仅显示双方劳动关系解除后，肖某办理了失业及档案转移相关手续，不足以证明某机务段认可肖某系非本人意愿中断就业，更不能证明系某机务段主动解除劳动合同，肖某的该主张缺乏事实依据，不能成立。

肖某未提供有效证据证明其系非本人意愿中断就业的事实，其关于某机务段于2019年否认该事实，构成时效中断的主张不能成立。

肖某与某机务段因解除劳动合同产生的争议发生于2005年，肖某未提供证据证明本案存在时效中止、中断的情形，肖某于2019年提起劳动争议仲裁已明显超过仲裁时效。原审判决驳回肖某的诉讼请求并无不当。肖某提供的新证据不足以推翻原判决。肖某称原审未对证据予以质证、原审剥夺其辩论权利、原审审判人员审理该案时有徇私舞弊、枉法裁判行为,但并没有充足的证据予以证明,不能成立。

【案件焦点】

案件焦点:肖某提起劳动争议仲裁是否超过仲裁时效。

观点1:没有超过仲裁时效。用人单位不能证明劳动者收到解除或终止劳动关系书面通知时间的,劳动者主张权利之日为劳动争议发生之日,所以本案未超过时效,而且法律规定,从权利被侵害之日起不超过20年的,都应给予保护。

观点2:超过仲裁时效。2005年7月4日,双方签订劳动合同变更协议,解除劳动合同。这说明肖某知道双方劳动关系解除一事。那么根据法律规定:"劳动争议申请仲裁的时效期间为一年,从当事人知道或者应当知道其权利被侵害之日起计算。"肖某应当在2006年7月4日前向劳动争议仲裁委员会提出书面申请。但是,肖某直到13年后,即2019年8月13日才申请劳动争议仲裁,明显超过仲裁时效。

【法院裁判要旨】

仲裁认为:

2005年7月4日双方解除劳动合同,并且申请人肖某在2005年9月开始享受失业待遇并领取了12个月的失业金。肖某如果对双方解除劳动合同有异议,那么从解除劳动合同之日起就应当知道自己的权利受到侵害。《中华人民共和国劳动争议调解仲裁法》第二十七条规定:"劳动争议申请仲裁的时效期间为一年。仲裁时效期间从当事人知道或者应当知道其权利被侵害之日起计算。"即2006年7月4日前,肖某应向劳动争议仲裁委员会提出书面申请。但肖某已经享受了失业待遇,并且在2019年8月13日才提出申请,远远超出了仲裁时效。故,本委对肖某该项请求不予支持。

仲裁结果：

2019 年 11 月，某区劳动人事争议仲裁委员会仲裁裁决：

驳回申请人肖某的仲裁请求。

肖某不服仲裁裁决，向某区人民法院提起诉讼。

一审法院认为：

《中华人民共和国劳动争议调解仲裁法》第二十七条规定："劳动争议申请仲裁的时效期间为一年。仲裁时效期间从当事人知道或者应当知道其权利被侵害之日起计算。"2005 年 7 月 4 日，本案当事人签订劳动合同变更协议，载明劳动合同解除。肖某在 2019 年 8 月 13 日才提出仲裁申请，已经超出仲裁时效。肖某的诉讼请求一审法院不予支持。

一审判决结果：

2019 年 12 月，某区人民法院判决：

驳回原告肖某的诉讼请求。

肖某不服一审判决，向某市中级人民法院提起上诉。

二审法院认为：

肖某于 2005 年 7 月 4 日与被上诉人某机务段签订劳动合同变更协议，载明劳动合同解除。此后，肖某如果认为被上诉人某机务段在双方解除劳动关系过程中侵害了其权利，其应该及时主张权利。但肖某未提供相关证据证明其在法定时效期间内主张权利，或本案存在时效中止、中断的情形，直至 2019 年 8 月 13 日申请劳动仲裁，请求依法裁决肖某与被上诉人某机务段的解除劳动关系无效，恢复肖某与被上诉人某机务段的劳动关系，肖某该主张已超过法律规定的仲裁时效，一审法院判决并无不当。肖某的上诉请求不能成立，应予驳回；一审判决认定事实清楚，适用法律正确，应予维持。

二审判决结果：

2020 年 4 月，某市中级人民法院判决：

驳回上诉，维持原判。本判决为终审判决。

肖某不服终审判决，向某省高级人民法院申请再审。

再审法院认为:

肖某与某机务段因解除劳动合同产生的争议发生于2005年,肖某未提供证据证明本案存在时效中止、中断的情形,肖某于2019年提起劳动争议仲裁已明显超过仲裁时效。原审判决驳回肖某的诉讼请求并无不当。肖某提供的新证据不足以推翻原判决。肖某称原审未对证据予以质证、原审剥夺其辩论权利、原审审判人员审理该案时有徇私舞弊、枉法裁判行为,但并没有充足的证据予以证明,不能成立。

再审判决结果:

2021年1月,某省高级人民法院裁定:

驳回肖某的再审申请。

【指导意义】

对办理同类案件的意义:

1. 合理运用劳动争议仲裁时效,赢得案件胜诉。仲裁时效的期间从当事人知道或者应当知道其权利被侵害之日起计算。肖某与某机务段于2005年7月4日因协商一致解除劳动合同,次日即是仲裁时效的起算时间。但是,其于13年后的2019年8月13日才提出申请劳动争议仲裁,已明显超过仲裁时效。最终,仲裁和各级法院都以超过仲裁时效为由,驳回了肖某的诉请。由此可以看出,仲裁时效在劳动争议案件中可以起到关键作用,在办理劳动争议类案件时应注意运用。

2. 主张"非因本人意愿中断就业"的,需本人承担举证责任。根据《实施〈中华人民共和国社会保险法〉若干规定》第十三条规定,"非因本人意愿中断就业"不包括劳动者非因劳动合同法第三十八条的规定主动提出辞职的情形。本案中,肖某反复强调"非因本人意愿中断就业",但未能提交证据来证明自己的主张。按照民事诉讼法"谁主张,谁举证"的原则,再审法院据此认定其主张不能成立。该知识点在劳动争议类案件中不常遇见,铁路企业在处理同类案件中需要加以留意。

3. 只有法定的事由才能构成仲裁时效的中止和中断。《中华人民共和国劳动争议调解仲裁法》第二十七条规定了仲裁时效,《劳动人事争议仲裁办案规则》第二十七条、第二十八条对此进行了细化,明确了向对方当事人主张权利的方式和向哪些部门以哪种方式请求权利救济才是时效中断,以及造成时效中止的正当理由是什么。在办理劳动争议类案件中,需要细心掌握,加以区分。

对规范铁路企业经营管理行为的意义:

1. 妥善保管劳动合同及相关资料。劳动合同是劳动者与用人单位建立劳动关系的证明。铁路企业在保管好劳动合同的同时,还要妥善保管好解除劳动合同的相关资料。这不单是保障铁路企业与劳动者的权益,也是法律的要求。《中华人民共和国劳动合同法》第五十条第三款规定:"用人单位对已经解除或者终止的劳动合同的文本,至少保存二年备查。"因此,对劳动合同,铁路企业作为用人单位应当加强管理,妥善保存,做好记录。此外,铁路企业还可以对劳动合同档案进行详细分类,区分在职的、离职不超过两年的、离职两年以上的档案,以最大限度地保障铁路企业的合法权益。

2. 依法履行解除劳动合同的程序。《中华人民共和国劳动合同法》的立法宗旨是为了保护劳动者的合法权益,立法定位也倾向于保护劳动者。劳动争议案件中,用人单位如果没有依法履行解除劳动合同的程序,就会被仲裁机构或法院裁判解除劳动合同的行为因违反法律规定而无效。因此,铁路企业在涉及解除劳动合同的事项上,应审慎地把握解除环节,严格按照《中华人民共和国劳动合同法》的规定履行解除程序。

3. 依法依规办理失业手续。根据《失业保险条例》,失业人员领取失业保险金的必要条件之一是"非因本人意愿中断就业",而职工因《中华人民共和国劳动合同法》第三十八条的规定主动辞职的,不符合上述条件,不能领取失业保险金。从此案可以看到,肖某在 2005 年 7 月份辞职,9 月份原单位仍为其办理失业证,使肖某领取了 12 个月的失业金。但时隔13年后,肖某又对某机务段提起劳动争议仲裁,案件历经仲裁、一审、二审、再审四个程序,虽然胜诉,但是某机务段在保障安全生产的同时,还要为此付出大量精力开会研究、分析案情、出庭应诉、质证答辩。铁路企业从此案中应该吸取教训,严格落实劳动人事制度,规范办理失业手续。

【法规链接】

案件裁判法律依据:

1.《中华人民共和国劳动争议调解仲裁法》(2008年5月1日起施行)

第二十七条　劳动争议申请仲裁的时效期间为一年。仲裁时效期间从当事人知道或者应当知道其权利被侵害之日起计算。

前款规定的仲裁时效,因当事人一方向对方当事人主张权利,或者向有关部门请求权利救济,或者对方当事人同意履行义务而中断。从中断时起,仲裁时效期间重新计算。

因不可抗力或者有其他正当理由,当事人不能在本条第一款规定的仲裁时效期间申请仲裁的,仲裁时效中止。从中止时效的原因消除之日起,仲裁时效期间继续计算。

2.《劳动人事争议仲裁办案规则》(2017年7月1日施行)

第二十七条　在申请仲裁的时效期间内,有下列情形之一的,仲裁时效中断:

(一)一方当事人通过协商、申请调解等方式向对方当事人主张权利的;

(二)一方当事人通过向有关部门投诉,向仲裁委员会申请仲裁,向人民法院起诉或者申请支付令等方式请求权利救济的;

(三)对方当事人同意履行义务的。

从中断时起,仲裁时效期间重新计算。

第二十八条　因不可抗力,或者有无民事行为能力或者限制民事行为能力劳动者的法定代理人未确定等其他正当理由，当事人不能在规定的仲裁时效期间申请仲裁的，仲裁时效中止。从中止时效的原因消除之日起，仲裁时效期间继续计算。

3.《中华人民共和国民事诉讼法》(2022 年 1 月 1 日起施行)

第二百零七条　当事人的申请符合下列情形之一的，人民法院应当再审：

（一）有新的证据，足以推翻原判决、裁定的；

（二）原判决、裁定认定的基本事实缺乏证据证明的；

（三）原判决、裁定认定事实的主要证据是伪造的；

（四）原判决、裁定认定事实的主要证据未经质证的；

（五）对审理案件需要的主要证据，当事人因客观原因不能自行收集，书面申请人民法院调查收集，人民法院未调查收集的；

（六）原判决、裁定适用法律确有错误的；

（七）审判组织的组成不合法或者依法应当回避的审判人员没有回避的；

（八）无诉讼行为能力人未经法定代理人代为诉讼或者应当参加诉讼的当事人，因不能归责于本人或者其诉讼代理人的事由，未参加诉讼的；

（九）违反法律规定，剥夺当事人辩论权利的；

（十）未经传票传唤，缺席判决的；

（十一）原判决、裁定遗漏或者超出诉讼请求的；

（十二）据以作出原判决、裁定的法律文书被撤销或者变更的；

（十三）审判人员审理该案件时有贪污受贿，徇私舞弊，枉法裁判行为的。

第二百一十一条　人民法院应当自收到再审申请书之日起三个月内审查，符合本法规定的，裁定再审；不符合本法规定的，裁定驳回申请。有特殊情况需要延长的，由本院院长批准。

4.《最高人民法院关于适用〈中华人民共和国民事诉讼法〉的解

释》(2021年1月1日起施行)

第三百九十五条　当事人主张的再审事由成立,且符合民事诉讼法和本解释规定的申请再审条件的,人民法院应当裁定再审。

当事人主张的再审事由不成立,或者当事人申请再审超过法定申请再审期限、超出法定再审事由范围等不符合民事诉讼法和本解释规定的申请再审条件的,人民法院应当裁定驳回再审申请。

运用程序法则　解决劳动争议

——王某诉某客运段劳动争议案

【案件基本信息】

申请人(原告):王某。

被申请人(被告):中国铁路某局集团有限公司某客运段。

案由:劳动争议。

裁判文书字号:某劳人仲裁字(2020)第125号仲裁裁决书,(2021)豫0703民初946号民事判决书。

【基本案情】

申请人(原告)诉称:1993年7月起,王某在中国铁路某局集团有限公司某客运段(以下简称某客运段)工作,工作地点在某市某区,历任列车员、列车长。双方最后一次签订劳动合同的期限为2009年8月1日至2035年5月29日,2004年王某办理停薪留职至今。王某于2016年10月31日申请解除劳动合同,申请递交后,王某一直没有收到某客运段同意解除的答复。2016年11月25日某客运段作出某客劳(2016)0541号文件与王某解除劳动合同,但王某从未收到该通知。2018年9月21日,某客运段在某报发布公告,通知王某办理解除劳动合同手续,但王某在停薪留职期间,并不知道此事,王某于2020年7月听别人说起才知道此事。王某认为某客运段在2016年作出解除劳动合同通知后明明能直接通知到王某却不通知,故意于2018年9月21日通过报纸公告的方式通知,是恶意不想让王某得知此事。诉请某客运段支付王某经济补偿金24个月工资120 000元(平均月工资

5 000 元),自 1993 年 7 月至 2004 年 4 月期间未休假工资 15 000 元(以平均月工资 5 000 元计,共计 90 天应休假天数),支付王某离职提前通知一个月工资 5 000 元,赔偿 24 个月失业金,共计 38 400 元(1 600 元/月),并办理离职手续。

被申请人(被告)辩称:王某原系某客运段职工,从事列车乘务员工作,1993 年 10 月 15 日至 1994 年 7 月 15 日申请人办理停薪留职,2004 年 4 月 1 日至 2013 年 3 月 31 日办理个人外出劳务,在劳务期满后申请人拒不返岗工作,2016 年 10 月 31 日,王某以书面形式向某客运段提交《解除劳动合同申请书》,申请书上载明,因王某个人原因,自愿与某客运段解除劳动合同。同年 11 月 25 日,被告某客运段作出某客劳(2016)0541 号解除劳动合同命令,决定解除与王某签订的劳动合同,双方之间的劳动权利义务已经依法合规解除,且系王某自愿申请解除劳动合同关系。同时,根据《中华人民共和国劳动争议调解仲裁法》第二十七条之规定,劳动争议申请仲裁的时效期间为一年,从当事人知道或者应当知道其权利被侵害之日起计算,王某仲裁请求已超过一年时效期间。综上,王某的诉求不应得到支持。

【案件焦点】

案件焦点:王某提起劳动争议仲裁是否超过仲裁时效。

观点 1:没有超过仲裁时效。王某于 2016 年 10 月 31 日递交解除劳动合同申请书后,一直没有收到某客运段同意解除的答复,2016 年 11 月 25 日某客运段作出解除劳动合同通知后明明能直接通知王某,故意于 2018 年 9 月 21 日通过登报公告方式通知,导致王某于 2020 年 7 月听别人说起,才知道此事。《中华人民共和国劳动争议调解仲裁法》第二十七条规定:"劳动争议申请仲裁的时效期间为一年。仲裁时效期间从当事人知道或者应当知道其权利被侵害之日起计算。"所以本案未超过时效,王某的请求应给予保护。

观点 2:超过仲裁时效。王某于 2016 年 10 月 31 日因个人原因向某客运段递交解除劳动合同申请书,某客运段于 2016 年 11 月 25 日同意,并自2016年12月1日起与王某解除劳动合同,王某也并未再向某客运段提供过劳动,王某在庭审中陈述其于2020年8月才知道某客运段与其解除劳动合同显然与事实不符。王某主张明显超过仲裁时效。

【法院裁判要旨】

仲裁认为:

申请人王某于2016年10月31日因个人原因向被申请人某客运段递交解除劳动合同申请书,被申请人某客运段于2016年11月25日同意,并自2016年12月1日起与申请人王某解除劳动合同,且申请人王某也并未再向被申请人某客运段提供过劳动。申请人王某在庭审中陈述其于2020年8月份才知道被申请人某客运段与其解除劳动合同显然与事实不符。《中华人民共和国劳动争议调解仲裁法》第二十七条规定:"劳动争议申请仲裁的时效期间为一年。仲裁时效期间从当事人知道或者应当知道其权利被侵害之日起计算。"申请人王某向被申请人某客运段主张的各项诉求均已超过法定时效。王某的仲裁申请仲裁委不予支持。

仲裁结果:

2020年11月,某市某区劳动人事争议仲裁委员会仲裁裁决:

驳回申请人王某的仲裁请求。

王某不服仲裁裁决,向某市某区人民法院提起诉讼。

法院认为:

《中华人民共和国劳动合同法》第三十六条规定:"用人单位与劳动者协商一致,可以解除劳动合同。"本案中,原告王某于2016年10月31日因个人原因向某客运段递交解除劳动合同申请书,被告某客运段于2016年11月25日同意,并自2016年12月1日起与原告王某解除劳动合同,双方的权利义务因劳动合同终结而不存在。原告王某在庭审中陈述其于2020年8月才知道被告某客运段与其解除劳动合同显然与事实不符。因此,原告王某要求确认与被告某客运段之间依然存在劳动关系、要求被告某客运段支付其经济赔偿金、未休假工资、失业金等诉求没有法律依据。王某的诉讼请求法院不予支持。

判决结果：

2021 年 5 月，某市某区人民法院判决：

驳回原告王某的诉讼请求。

一审判决后各方均未上诉，判决已生效。

【指导意义】

对办理同类案件的意义：

1. 合理运用劳动争议仲裁时效，取得案件胜诉。仲裁时效的期间从当事人知道或者应当知道其权利被侵害之日起计算。王某于 2016 年 10 月 31 日因个人原因向某客运段递交解除劳动合同申请书，某客运段于 2016 年 11 月 25 日同意，并自 2016 年 12 月 1 日起与王某解除劳动合同。按照法律规定，2016 年 12 月 2 日即是仲裁时效的起算时间。但王某以 2020 年 8 月才知道某客运段与其解除劳动合同为由，于劳动合同解除 3 年后始提出劳动争议仲裁申请，明显超过仲裁时效。最终，仲裁委和人民法院都以超过仲裁时效为由，驳回了王某的诉请。铁路企业在办理劳动争议类案件时，应注意运用仲裁时效等程序法则。

2. 解除劳动合同证明书未经送达，不发生法律效力。根据《中华人民共和国劳动合同法》第五十条之规定，用人单位应当在解除或者终止劳动合同时出具解除或者终止劳动合同的证明，这是法律赋予用人单位的一项重要义务。一旦发生劳动争议，用人单位需要举证证明解除劳动合同证明书已送达。但在司法实践中，用人单位因未履行送达义务或者履行了送达义务但未留下足够证据证明通知已送达而导致法院认定解除劳动合同证明无效的情形比比皆是。本案中，某客运段在直接送达困难的情况下，采取公告送达方式，并将送达证据妥善保存，提交法庭，最终得到了法院的支持。铁路企业在办理劳动争议类案件时，一定要注意完整保留履行送达程序的相关证据，并积极履行举证责任，争取法院支持。

对规范铁路企业经营管理行为的意义：

1. 妥善保管职工人事档案。人事档案包含但不限于履历信息、劳动合同、人事命令等材料，完整的人事档案能够清晰还原职工入职、任免、奖惩、调动、离职各时期的具体情况，是明晰劳动争议最直接的证据。铁路企业要按照法律法规和企业内部管理制度规定，建立健全人事档案管理制度，一方面指派专人收集、整理，做到入档资料齐全，内容真实清晰；另一方面要加强人事档案的保管利用，通过设置专门的档案室、安装专业设备等方式，确保人事档案的绝对安全。这既是法律赋予用人单位的义务，也是防范化解铁路企业法律风险的重要手段。

2. 依法履行解除劳动合同的程序。依法履行劳动合同解除程序是劳动关系得以顺利解除的基础。劳动争议案件中，因用人单位未依法履行劳动合同解除程序，导致解除行为违法、无效的情形比比皆是。铁路企业在办理与职工解除劳动合同的过程中，应严格依照《中华人民共和国劳动合同法》的规定履行解除程序，既不能简化相关办理手续，也不能颠倒各个程序间的次序，否则就要根据《中华人民共和国劳动合同法》第四十八条“用人单位违反本法规定解除或终止劳动合同，劳动者要求继续履行劳动合同的，用人单位应当继续履行；劳动者不要求继续履行劳动合同或者劳动合同已经不能继续履行的，用人单位应当依照本法第八十七条规定支付赔偿金”之规定，承担继续履行劳动合同或向劳动者支付赔偿金的不利后果。

【法规链接】

案件裁判法律依据：

《中华人民共和国劳动争议调解仲裁法》（2008 年 5 月 1 日起施行）

第二十七条　劳动争议申请仲裁的时效期间为一年。仲裁时效期间从当事人知道或者应当知道其权利被侵害之日起计算。

前款规定的仲裁时效，因当事人一方向对方当事人主张权利，或者向有关部门请求权利救济，或者对方当事人同意履行义务而中断。从中断时起,仲裁时效期间重新计算。

因不可抗力或者有其他正当理由,当事人不能在本条第一款规定的仲裁时效期间申请仲裁,仲裁时效中止。从中止时效的原因消除之日起,仲裁时效期间继续计算。

劳动关系存续期间因拖欠劳动报酬发生争议的,劳动者申请仲裁不受本条第一款的仲裁时效期间的限制;但是,劳动关系终止的,应当自劳动关系终止之日起一年内提出。

开除党籍后再解除劳动合同不构成重复处理

——何某诉某车站劳动争议案

【案件基本信息】

原告:何某。

被告:中国铁路某局集团有限公司某车站。

案由:劳动争议。

裁判文书字号:(2020)豫1402民初4456号民事判决书,(2020)豫14民终3407号民事判决书,(2020)豫民申7294号民事裁定书。

【基本案情】

原告诉称:何某于1997年12月参军入伍,2002年12月退伍;2004年5月,入职中国铁路某局集团有限公司某车站(原某铁路局某车站,以下简称某车站);2004年11月16日,与某车站签订无固定期限劳动合同书一份,担任某车间制动员工作。2017年5月8日,某县人民法院以何某犯寻衅滋事、妨害公务罪,两罪并罚,判处何某有期徒刑一年,缓刑二年。因何某平常表现良好,又系退伍伤残军人,经某车站及其上级单位研究,2018年2月8日,给予何某保留劳动关系,开除党籍处分的处理决定,何某对此没有异议。2018年4月,某站又突然对何某作出停职留薪三个月的处理决定,并立即停发了三个月工资。2018年8月4日,某车站通知何某回单位继续上班工作。2019年1月9日,在没有召开职工代表大会的情况下,再次以判刑为由,违法作出解除与何某的劳动关系的处理决定,违反了"一事不再罚"原则。用人单位就同一事实对劳动者多次作出处罚,是对劳动者合法权益的侵害,违反了公平原则,也违反了《中华人民共和国劳动法》保护劳动者的立法精神。故诉至法院,请求:(1)依法撤销被告作出的编号为2066114003634解除劳动合同通知书,并恢复与原告的劳动关系;(2)判决被告补发原告自2018年5月至7月份停薪停职的工资以及自2019年1月9日以来的工资和2018年全年法定公休假15天及300%的加班工资;(3)判决被告为原告补缴养老保险费、医疗保险费、失业保险费、工伤保险费、生育保险费、住房公积金;(4)本案诉讼费由被告承担。

被告辩称:2004年11月16日,何某与某车站签订无固定期限劳动合同书一份,担任某车间制动员工作。2017年5月18日,某县人民法院制作(2017)豫1426刑初78号刑事判决书,判处何某有期徒刑一年,缓刑二年。2019年1月9日,某车站根据《中华人民共和国劳动法》和《中华人民共和国劳动合同法》关于"劳动者被依法追究刑事责任,用人单位可以解除劳动合同"规定以及与何某签订的《劳动合同书》中"依法追究刑事责任的,劳动合同自动解除"约定,制作某站人(2019)字第014号命令,解除与何某之间的劳动合同。因何某不同意解除劳动合同决定,拒签《劳动合同解除通知书》,某车站随后在某日报、某工人日报予以公告送达,程序上并无不当之处。所以,某车站对何某处理决定、具体内容及公示程序等均符合法律规定。某车站在处理解除何某劳动合同期间,一直向原告发放及补发工资,不存在拖欠工资情形。综上,何某诉讼请求没有事实和法律依据,请求法院依法驳回其诉讼请求。

法院审理查明:2004年5月,何某入职某车站;11月16日,与某车站签订无固定期限劳动合同,担任某车间制动员工作。双方签订的《劳动合同书》约定:"被除名、开除、劳动教养、依法追究刑事责任的,劳动合同自行解除。"2017年5月18日,某县人民法院做出(2017)豫1426刑初78号刑事判决书,以寻衅滋事罪、妨害公务罪,数罪并罚,判处何某有期徒刑一年,缓刑二年。2018年2月8日,经某车站上级集团公司纪委研究同意,给予何某开除党籍处分。2019年1月9日,某车站制作某站人(2019)第014号命令,解除何某劳动合同。同时,将《解除劳动合同通知书》编号为2066114003634,在2019年1月29日某日报、某工人日报上公告送达。另查明,2019年8月12日,何某向某市劳动人事争议仲裁委员会申请仲裁。2019年11月13日,该仲裁委员会出具证明一份,载明:“由于临近国庆假期加之双方当事人委托的代理律师在时间上不统一。致使超过60日未作出仲裁裁决。”

【案件焦点】

案件焦点一:某车站对何某作出开除党籍处分与解除劳动合同决定是否属于重复处理。

观点1:开除党籍处分与解除劳动合同决定不具有关联性,不构成重复处理。某车站开除何某党籍属于党内处分。某车站解除其劳动合同,是根据《中华人民共和国劳动法》《中华人民共和国劳动合同法》规定以及某车站与何某签订的《劳动合同书》约定条款所作出的单方行为,和党内处分不是同一法律关系,不属于“一事二罚”范畴,不构成重复处理。

观点2:开除党籍处分与解除劳动合同,是针对同一件事作出的两次不同处罚,构成重复处理。开除党籍处分与解除劳动合同两个处罚间隔时间将近一年之久,某车站在没有召开职工代表大会情况下,单方解除劳动合同,构成重复处理。

案件焦点二:何某与某车站之间的劳动关系是否符合解除条件,何某要求与某车站恢复劳动关系的主张能否成立。

观点1:符合解除条件,何某要求与某车站恢复劳动关系的主张不能成立。何某因犯寻衅滋事、妨害公务罪,两罪并罚,被某县法院判处有期徒刑一年,缓刑二年。根据《中华人民共和国劳动法》第二十五条、《中华人民共和国劳动合同法》第三十九条的规定以及何某与某车站签订的《劳动合同书》约定,“劳动者被依法追究刑事责任的,劳动合同自行解除”。何某被追究刑事责任,符合解除劳动合同条件,某车站单方解除其劳动合同于法有据,何某要求与某车站恢复劳动关系的主张不能成立。

观点2:不符合解除条件,何某要求与某车站恢复劳动关系的主张成立。何某于2017年5月8日被判处有期徒刑一年,缓刑二年。2018年2月8日,某车站给予何某开除党籍处分。2019年1月9日,解除其劳动合同。某车站在明知可以行使单方解除劳动合同的权利而长达一年之久没有行使,且何某一直在岗位上班,应推定用工单位单方放弃权利,双方重新形成新的劳动关系。故解除何某劳动合同条件不具备,何某要求与某车站恢复劳动关系的主张成立。

【法院裁判要旨】

一审法院认为:

《中华人民共和国劳动法》第二十五条规定:"劳动者有下列情形之一的,用人单位可以解除劳动合同:(四)被依法追究刑事责任的。"《中华人民共和国劳动合同法》第三十九条规定:"劳动者有下列情形之一的,用人单位可以解除劳动合同:(六)被依法追究刑事责任的。"本案中,何某于2017年5月18日被依法判处有期徒刑。2018年2月8日,某车站开除何某党籍和2019年1月9日某车站单方解除其劳动合同,均发生于何某缓刑期间,亦是对2017年处理不到位的继续,不违反法律规定。何某主张某车站构成"一事二罚"没有法律依据,本院不予支持。何某在上班期间被告某车站已全额支付其工资,因此,对其请求补发工资、补交社保的主张不予支持。

一审判决结果:

2020年10月,某市某区人民法院判决:

驳回原告何某的诉讼请求。

何某不服一审判决,向某市中级人民法院提起上诉。

二审法院认为:

何某因犯寻衅滋事、妨碍公务罪,两罪并罚被判处有期徒刑一年,缓刑二年。双方当事人签订的《劳动合同》第七条第二款第(5)项,明确约定:"被除名、开除、劳动教养、依法追究刑事责任的,劳动合同自行解除。"某车站依照法定程序，决定解除与何某劳动合同关系，符合法律规定。某车站对何某作出开除党籍处分与解除劳动决定不属于"一事二罚"。何某主张某车站在 2018 年 4 月份对其作出了停薪停职三个月处罚，对其主张并未提交有效证据证明，何某关于某车站作出解除劳动合同关系的决定违反一事不再罚精神，上诉请求不能成立。某车站提交的《某车站工资分配管理办法》、出勤表及何某 2018 年度工资台账能够证明已按规定向何某发放了工资及相关待遇。何某要求某车站补发工资，支付未休年假工资及加班工资的主张缺乏有效证据支持。用人单位欠缴社会保险费，应当由社会保险管理部门解决，不属于人民法院诉讼受案范围；何某主张某车站应为其补交解除其劳动合同关系后的社会保险费用，对其主张不予审查。

二审判决结果：

2020 年 9 月，某市中级人民法院判决：

驳回何某的上诉，维持原判。

何某不服二审判决，向某省高级人民法院申请再审。

再审法院认为：

2004 年 11 月 16 日，何某与某车站签订无固定期限劳动合同，担任运转车间制动员工作。双方签订的《劳动合同书》约定："被除名、开除、劳动教养、依法追究刑事责任的，劳动合同自行解除。"2017 年 5 月 18 日，某县人民法院做出（2017）豫 1426 刑初 78 号刑事判决书，以寻衅滋事罪、妨害公务罪，数罪并罚，判处何某有期徒刑一年，缓刑二年。2019 年 1 月 9 日，某车站制作某站人（2019）第 014 号命令，解除某劳动合同，符合双方劳动合同约定和相关法律规定。某车站称何某上班期间的工资已全额支付，何某提交的某铁劳卫〔2018〕291 号通知，不能证明某车站对其进行了停薪停职三个月处罚。2018 年 2 月 8 日，某车站给予何某开除党籍处分，何某主张某车站违反一事不二罚的理由，因缺乏依据而不能成立，一二审判决未支持何某的诉请请求并无不当。

再审裁定结果：

2021 年 1 月，某省高级人民法院裁定：

驳回何某的再审申请。

【指导意义】

对办理同类案件的意义:

1. 厘清法律关系,依法有据答辩。《中华人民共和国行政处罚法》规定:“对当事人的同一个违法行为,不得给予两次以上罚款的处罚。同一个违法行为违反多个法律规范应当给予罚款处罚的,按照罚款数额高的规定处罚。”本案中,何某反复强调用人单位解除其劳动合同行为违反了法律“一事不得二罚”规定,应当被认定无效。本案应诉过程中,铁路企业以企业党组织给予开除党籍等党内处分与解除其劳动合同的法律行为具有不同的法律性质作为切入点,有理有据地驳斥了“一事二罚”的说法,得到法院支持,为今后处理同类事件提供了有利判例。借鉴本案,铁路企业在诉讼过程中,应注重厘清法律关系、辩明权责义务,引导法院支持我方主张。

2. 职工受到刑事处罚,企业单方解除其劳动合同,符合法律规定。《中华人民共和国劳动法》《中华人民共和国劳动合同法》规定,“被依法追究刑事责任的,用人单位可以解除劳动合同”。铁路企业在办理因解除职工劳动合同而引发的案件中,可以直接从法律规定入手,结合合同书约定、企业内部规章制度向法院举证说明,用人单位对受到刑事处罚的职工依法合规单方取得解除劳动合同的权利。

对规范铁路企业经营管理行为的意义:

1. 铁路企业应审慎、合理使用管理权。劳动关系中,用人单位与劳动者之间存在管理与被管理的关系。法律赋予用人单位基于规章制度行使自主管理权,同时要求用人单位承担不当用权的损害赔偿义务。本案中,劳动者提出多项赔偿请求,虽未得到法院支持,亦提醒铁路企业在制定内部规章制度时要规范民主程序,并做好向劳动者公示等相关后续工作。日常管理过程中要依法合规行使管理权,确保职工正当利益得到有效保障。

2. 铁路企业在办理解除职工劳动合同过程中,应严格履行规定程序。《中华人民共和国工会法》规定:“用人单位单方面解除职工劳动合同时,应当事先将理由通知工会,工会认为用人单位违反法律、法规和有关合同,要求重新研究处理时,用人单位应当研究工会的意见,并将研究结果书面通知工会。”结合其他法律、法规对企业解除职工劳动合同的规定,可以看出铁路企业单方解除职工劳动合同存在诸多法律风险,这也提示铁路企业在办理解除职工劳动合同时,可聘请专业律师出具法律意见书或事先听取法律专业人士的法律意见,准确适用法律、法规,并依据内部有效规章制度,规范程序流程,以有效防范法律风险。

【法规链接】

案件裁判法律依据:

1.《中华人民共和国劳动法》(2018 年 12 月 29 日起施行)

第二十五条　劳动者有下列情形之一的,用人单位可以解除劳动合同:

(一)在试用期间被证明不符合录用条件的;

(二)严重违反劳动纪律或者用人单位规章制度的;

(三)严重失职,营私舞弊,对用人单位利益造成重大损害的;

(四)被依法追究刑事责任的。

2.《中华人民共和国劳动合同法》(2013 年 7 月 1 日起施行)

第三十九条　劳动者有下列情形之一的,用人单位可以解除劳动合同:

(一)在试用期间被证明不符合录用条件的;

(二)严重违反用人单位的规章制度的;

(三)严重失职,营私舞弊,对用人单位造成重大损害的;

(四)劳动者同时与其他用人单位建立劳动关系,对完成本单位的工作任务造成严重影响,或者经用人单位提出,拒不改正的;

(五)因本法第二十六条第一款第一项规定的情形致使劳动合同无效的;

(六)被依法追究刑事责任的。

3.《中华人民共和国行政处罚法》(2021 年 7 月 15 日起施行)

第二十九条　对当事人的同一个违法行为,不得给予两次以上罚款的行政处罚。同一个违法行为违反多个法律规范应当给予罚款处罚的,按照罚款数额高的规定处罚。

月缴费工资不等同于月工资

——杨甲、杨乙诉某机务段劳动争议案

【案件基本信息】

原告(申请人):杨甲、杨乙。

被告(被申请人):中国铁路某局集团有限公司某机务段。

案由:劳动争议。

裁判文书字号:某劳人仲裁字(2020)第189号不予受理案件通知书,(2021)豫0703民初89号民事判决书,(2021)豫07民终2518号民事判决书。

【基本案情】

原告诉称:父亲杨某因工死亡前12个月平均工资为12 675.22元。被告为杨某缴纳工伤保险费不实,造成二原告每人每月抚恤金损失为:12 675.22元×30% -6 435.92元×30% =1 871.79元。被告应每月向原告支付差额损失,直至原告成年。

被告辩称:月缴费工资并非月工资。月缴费工资为上一年度的平均工资,但每年7月至下一年度6月为缴费基数调整周期。杨某2019年6月3日去世,计算其缴费工资应从2018年6月至2019年5月。其2018年6月缴费工资为2016年平均工资9 493元,2018年7月至2019年5月缴费工资为2017年平均工资6 158元。因此12个月的平均月缴费工资为6 435.92元。中国铁路某局集团有限公司某机务段(以下简称某机务段)已按照规定足额缴纳工伤保险费。抚恤金系按规定计算得出,杨甲、杨乙并无差额损失。被告无须补偿。

法院审理查明:原告的父亲杨某生前系某机务段的职工。2019 年 6 月 3 日,杨某接到工作通知,在做待乘准备时感到身体不适,后突然倒地昏迷,经医院抢救无效于当日死亡。2019 年 7 月 30 日,某市人力资源和社会保障局作出工伤认定决定书,对杨某受到的事故伤害,予以认定为视同工伤。工亡职工待遇审批表显示,杨某月缴费工资 6 435. 92 元,对杨某的供养亲属即杨甲、杨乙的供养亲属抚恤金按每人每月 1 930. 78 元自 2019 年 7 月起开始支付。另查明,杨某生前 12 个月即 2018 年 6 月份至 2019 年 5 月份应得工资分别为 15 503. 4 元、13 036. 1 元、6 363. 5 元、11 576. 31 元、13 225. 25 元、12 710. 55 元、14 106. 53 元、11 070. 55 元、10 451. 65 元、10 710. 64 元、10 096. 83 元和 15 513. 13 元,平均月工资 12 030. 37 元。

【案件焦点】

案件焦点:被告是否如实缴纳了工伤保险费。

观点 1:没有如实缴纳。某机务段缴费基数与杨某生前 12 个月的月均工资有较大差额。

观点 2:已经如实缴纳。社会保险缴纳基数以每年 7 月至下一年度 6 月为缴费基数调整周期。该周期内采用上一年度 1 月至 12 月的职工平均工资作为月缴费工资。因此,每年 7 月至 12 月的月缴费工资为职工上一年度的月均工资,每年 1 月至 6 月的月缴费工资为职工上上年度的月均工资。被告并不存在缴纳不实的行为。

【法院裁判要旨】

仲裁认为:

不属于劳动仲裁的受理范围。

仲裁结果:

2020 年 12 月,某区劳动人事争议仲裁委员会作出不予受理通知书。

杨甲、杨乙向某区人民法院提起诉讼。

一审法院认为：

劳动者因为工伤，请求用人单位依法给予工伤保险待遇发生的纠纷，属于劳动争议。杨甲、杨乙诉请某机务段给予工伤待遇差额，属于劳动争议，应予受理。《工伤保险条例》第六十四条规定，本条例所称本人工资，是指工伤职工因工作遭受事故伤害或者患职业病前 12 个月平均月缴费工资。《工伤保险条例》第三十九条规定，职工因工死亡，供养亲属抚恤金标准为：配偶每月 40%，其他亲属每人每月 30%。原劳动和社会保障部《因工死亡职工供养亲属范围规定》第 3 条规定：工亡职工子女未满 18 周岁的，可按规定申请供养亲属抚恤金。杨某生前 12 个月平均月工资为 12 030. 37 元，某机务段按月平均工资 6 435. 92 元为杨某生前 12 个月缴纳工伤保险费，缴纳不实。每人每月少享受 1 678. 33 元（12 030. 37 元 ×30% －6 435. 92 元 ×30%）。《河南省工伤保险条例》第三十三条规定，因用人单位缴纳工伤保险费基数不实造成工伤职工工伤保险待遇降低的，由用人单位承担责任，并支付差额。所以，应由某机务段每月各支付杨甲、杨乙每人供养亲属抚恤金差额损失1 678. 33 元。

一审判决结果：

2021 年 4 月，某区人民法院判决：

1. 某机务段支付杨甲、杨乙 2019 年 7 月至 2020 年 11 月期间供养亲属抚恤金差额损失合计 60 419. 88 元。

2. 某机务段自 2020 年 12 月起，每月各支付杨甲、杨乙每人供养亲属抚恤金差额损失 1 678. 33 元，并根据国家相关规定适时调整，分别支付至杨甲、杨乙各自年满 18 周岁。

某机务段不服一审判决，向某市中级人民法院提起上诉。

二审法院认为：

《工伤保险条例》中规定的“本人工资”是指工伤职工因工作遭受事故伤害或者患职业病前 12 个月平均月缴费工资，并非工伤职工遭受事故伤害前 12 个月应发工资。一审按照杨某生前 12 个月应发平均工资数额作为供养亲属抚恤金计算标准不当，本院予以纠正。

二审判决结果:

2021 年 7 月,某市中级人民法院判决:

1. 撤销一审判决。

2. 驳回杨甲、杨乙诉讼请求。

【指导意义】

对办理同类案件的意义:

1. 办理社保案件要理解相关专业术语。本案中,社保费用缴费基数并非月工资,而是月缴费工资。月缴费工资以每年 7 月至下一年度 6 月为缴费基数调整周期。该周期内采用上一年度的平均工资作为月缴费工资。供养亲属抚恤金按照职工生前 12 个月平均月缴费工资计算,而非按月均工资计算。不能正确理解这些专业知识,就不能理清案件的症结。本案以外,众多案件涉及了很多包括社保、财务、税务、技术等方面的专业知识。作为企业法律顾问,在处理个案的过程中,必须融会贯通,理解专业术语,预先做好功课,才能向司法人员做好解释工作,提供有效的抗辩。

2. 建立案件研判制度,完善应对处置方案。各单位遇到诉讼案件,需要综合权衡案件的影响范围、结果走向和处置能力。对于影响力重大且存在较大诉讼风险的案件,各单位在调动内部资源应对诉讼的基础上,务必提高重视程度,及时地、如实地上报案情,综合运用内外部力量,支持案件处置工作。不能因为案件处在仲裁、一审阶段,就认为案件尚有转圜余地,消极应对。案件承办单位须珍惜、重视每一个阶段的维权机会,全力以赴维护集团公司合法权益。

对规范铁路企业经营管理行为的意义:

1. 做好日常管理和政策解释,促进职工队伍的和谐稳定。部分劳动争议案件的发生,并非职工或职工家属与单位利益之间存在冲突,而是在于政策理解的偏差。本案就是工亡职工的家属对于月缴费工资理解存在偏差引起的。因此相关职能部门要对工亡职工家属抱着充分的尊重和耐心,做通、做好解释工作,不仅有利于减少法律纠纷,还有助于劳资关系的良性循环发展,为企业队伍建设营造良好的环境。

2. 加强部门协同,提升办案效果。铁路企业面临的案件纷繁复杂,涉及众多专业知识,依靠单一的知识结构难以周全应对,需要全体相关部门协调配合,共同查阅资料、分析问题、拟订方案,才能形成妥善严谨的诉讼应对策略。因此,各单位要落实法律纠纷案件第一责任人的要求,法律事务主管领导牵头,建立起多部门协同办案的机制,才能共同维护铁路企业利益。

【法规链接】

案件裁判法律依据:

1.《中华人民共和国社会保险法》(2018 年 12 月 29 日起施行)

第三十五条　用人单位应当按照本单位职工工资总额,根据社会保险经办机构确定的费率缴纳工伤保险费。

2.《工伤保险条例》(2004 年 1 月 1 日起施行,2010 年 12 月 20 日修订)

第十条　用人单位应当按时缴纳工伤保险费。职工个人不缴纳工伤保险费。

用人单位缴纳工伤保险费的数额为本单位职工工资总额乘以单位缴费费率之积。

对难以按照工资总额缴纳工伤保险费的行业,其缴纳工伤保险费的具体方式,由国务院社会保险行政部门规定。

第三十九条　职工因工死亡,其近亲属按照下列规定从工伤保险基金领取丧葬补助金、供养亲属抚恤金和一次性工亡补助金:

(一)丧葬补助金为 6 个月的统筹地区上年度职工月平均工资;

(二)供养亲属抚恤金按照职工本人工资的一定比例发给由因工死亡职工生前提供主要生活来源、无劳动能力的亲属。标准为:配偶每月 40%,其他亲属每人每月 30%,孤寡老人或者孤儿每人每月在上述标准的基础上增加 10%。核定的各供养亲属的抚恤金之和不应高于因工死亡职工生前的工资。供养亲属的具体范围由国务院社会保险行政部

门规定;

(三)一次性工亡补助金标准为上一年度全国城镇居民人均可支配收入的20倍。

伤残职工在停工留薪期内因工伤导致死亡的,其近亲属享受本条第一款规定的待遇。

一级至四级伤残职工在停工留薪期满后死亡的,其近亲属可以享受本条第一款第(一)项、第(二)项规定的待遇。

第四十条　伤残津贴、供养亲属抚恤金、生活护理费由统筹地区社会保险行政部门根据职工平均工资和生活费用变化等情况适时调整。调整办法由省、自治区、直辖市人民政府规定。

第六十四条　本条例所称工资总额,是指用人单位直接支付给本单位全部职工的劳动报酬总额。

本条例所称本人工资,是指工伤职工因工作遭受事故伤害或者患职业病前12个月平均月缴费工资。本人工资高于统筹地区职工平均工资300%的,按照统筹地区职工平均工资的300%计算;本人工资低于统筹地区职工平均工资60%的,按照统筹地区职工平均工资的60%计算。

3.《因工死亡职工供养亲属范围规定》(2004年1月1日起施行)

第二条　本规定所称因工死亡职工供养亲属,是指该职工的配偶、子女、父母、祖父母、外祖父母、孙子女、外孙子女、兄弟姐妹。

本规定所称子女,包括婚生子女、非婚生子女、养子女和有抚养关系的继子女,其中,婚生子女、非婚生子女包括遗腹子女;

本规定所称父母,包括生父母、养父母和有抚养关系的继父母;

本规定所称兄弟姐妹,包括同父母的兄弟姐妹、同父异母或者同母异父的兄弟姐妹、养兄弟姐妹、有抚养关系的继兄弟姐妹。

第四条　领取抚恤金人员有下列情形之一的,停止享受抚恤金待遇:

(一)年满18周岁且未完全丧失劳动能力的;

(二)就业或参军的;

（三）工亡职工配偶再婚的；

（四）被他人或组织收养的；

（五）死亡的。

4.《社会保险费申报缴纳管理规定》（2013 年 11 月 1 日起施行，2021 年 12 月 22 日失效）

第四条 用人单位应当按月在规定期限内到当地社会保险经办机构办理缴费申报，申报事项包括：

（一）用人单位名称、组织机构代码、地址及联系方式；

（二）用人单位开户银行、户名及账号；

（三）用人单位的缴费险种、缴费基数、费率、缴费数额；

（四）职工名册及职工缴费情况；

（五）社会保险经办机构规定的其他事项。

在一个缴费年度内，用人单位初次申报后，其余月份可以只申报前款规定事项的变动情况；无变动的，可以不申报。

5.《河南省工伤保险条例》（2007 年 10 月 1 日起施行）

第三十三条 因用人单位缴纳工伤保险费基数不实造成工伤职工工伤保险待遇降低的，由用人单位承担责任，并支付差额。

工伤复发能否享受工伤待遇

——杨某诉某电务段劳动争议案

【案件基本信息】

原告:杨某。

被告:中国铁路某局集团有限公司某电务段。

案由:劳动争议。

裁判文书字号:某劳人仲裁字(2021)第 0240 号仲裁裁决书,(2021)豫 0103 民初 8075 号民事判决书,(2021)豫 01 民终 8879 号民事判决书。

【基本案情】

原告诉称:原告自 1985 年 10 月至今,一直在被告处工作,系被告的老职工。2018 年 2 月 8 日,原告值班期间,外出吃饭后骑自行车返回单位途中发生交通事故,受伤后在某市陇海医院治疗,医院诊断:腰椎滑落、腰部及左脚软组织挫伤。2018 年 5 月 30 日,某市人力资源和社会保障局工伤认定部门认定工伤。2019 年 2 月 22 日,某省劳动能力鉴定委员会鉴定原告伤残等级为十级。原告因工受伤,一直未治好,最后听取医生建议,决定进行内固定手术治疗。2019 年 6 月,原告向单位说明住院治疗情况后,于 2019 年 6 月至 10 月在某大学淮河医院进行了手术治疗,11 月 1 日至 26 日在家休养。被告在原告住院治疗期间,没有按原告每月工资 4620 元的标准向原告支付工资,而是每月仅向原告支付了 1 520 元;2019 年度,原告应发年终奖 4 300 元,被告仅向原告支付了 1 900 元。原告多次向被告反映补发工资和年终奖未果，遂于2021年3月24日，就某电务段少发工资和年终奖问题向某市劳动人事仲裁委员会提出仲裁申请。

被告辩称：2019年7月至11月，杨某请病假，被告已经按照法律规定支付了其病假期间的工资。根据《关于贯彻执行〈中华人民共和国劳动法〉若干问题的意见》（劳部发〔1995〕309号）第59条规定，职工患病或非因工负伤治疗期间，在规定的医疗期内由企业按有关规定支付其病假工资或疾病救济费，病假工资或疾病救济费可以低于当地最低工资标准支付，但不能低于最低工资标准的80%。2018年7月至11月，杨某申请病假，被告同意也给予了病假，期间被告按照病假工资规定已经足额支付了病假工资（1 900元×80%＝1 520元），完全符合法律规定。

另外，2 400元的年终奖，被告已经支付完毕。2021年5月，答辩人按照仲裁裁决书的规定已经将2 400元通过工资的形式发放给了杨某。

法院审理查明：

1. 原告于1985年入职被告单位工作，原告的月工资为4 600元。

2. 2018年5月30日，某市人力资源和社会保障局工伤认定部门认定原告为工伤。

3. 2019年2月22日某省劳动能力鉴定委员会鉴定原告伤残等级为十级。

4. 被告给予原告六个月停工留薪期（2018年2月8日至2018年8月7日）。

5. 2018年8月7日之后，原告回到单位工作。

6. 2019年7月至11月，原告因病未上班，被告按照1 520元/月支付原告工资。

7. 2020年12月25日，某省劳动能力鉴定委员会鉴定原告旧伤复发。

8. 被告单位员工年终奖金为4 300元，已支付原告1 900元。

9. 后原告向某市某区劳动人事争议仲裁委员会申请仲裁，要求被告：(1)向其支付2019年7月至11月工资15 500元；(2)支付年终奖

2 400 元。某市某区劳动人事争议仲裁委员会作出裁决:(1)自仲裁裁决书生效之日起 15 日内被告向原告支付拖欠的年终奖励 2 400 元;(2)驳回原告的其他仲裁请求。原告不服该裁决诉至本院。

10. 被告已将仲裁裁决确定的 2019 年度欠发的 2 400 元年终奖随 2021 年 5 月份工资支付给原告。

【案件焦点】

案件焦点:原告能否享受 2019 年 7 月至 11 月期间的工伤待遇。

观点 1:可以享受。原告于 2020 年 12 月 25 日向省劳动能力鉴定中心申请鉴定旧伤复发。同时,2021 年 1 月 25 日省劳动能力鉴定中心下发了旧伤复发确认书,所以原告有权享受 2019 年 7 月至 11 月期间的工伤待遇。

观点 2:不能享受。原告未在《工伤保险条例》规定的法定时限内申请 2019 年 7 月至 11 月期间的旧伤复发鉴定,且仅向被告提交了 2019 年 7 月至 11 月的病假条,因此,不能享受工伤待遇。

【法院裁判要旨】

仲裁认为:

(1)被申请人已按照国家法律规定支付申请人病假期间病假工资,申请人主张支付 2019 年 7 月至 11 月工资,每月 3 100 元共计 15 500 元的请求缺少事实及法律依据,本委不予支持。(2)申请人因工伤后期康复治疗申请病假,本委认为被申请人应全额支付其年终奖金。根据《中华人民共和国劳动法》第五十条之规定,被申请人应支付申请人拖欠年终奖 2 400 元。

仲裁结果:

2021 年 5 月,某市劳动人事仲裁委员会裁决:

(1)自本仲裁裁决书生效之日起 15 日内,被申请人向申请人支付拖欠的年终奖金 2 400 元整。(2)驳回申请人的其他仲裁请求。

杨某不服仲裁裁决,向某区人民法院提起诉讼。

一审法院认为：《关于贯彻执行〈中华人民共和国劳动法〉若干问题的意见》（劳部发〔1995〕309号）第五十九条规定，职工患病或非因工负伤治疗期间，在规定的医疗期内由企业按有关规定支付其病假工资或疾病救济费，病假工资或疾病救济费可以低于当地最低工资标准支付，但不能低于最低工资标准的80%。本案中，被告已按照国家法律规定支付原告病假期间病假工资，原告主张支付2019年7月至11月工资，每月3 100元共15 500元的请求缺少事实及法律依据，本院不予支持。原告请求被告支付2019年度欠发的年终奖2 400元，被告已将该款支付给原告，原告该项请求已无事实依据，故本院不予支持。

一审判决结果：

2021年6月，某区人民法院判决：

驳回原告杨某的诉讼请求。

杨某不服一审判决，向某市中级人民法院提起上诉。

二审法院认为：当事人对于自己提出的诉讼请求所依据的事实或者反驳对方诉讼请求所依据的事实有责任提供证据加以证明。上诉人杨某2018年2月8日工伤后，被上诉人某电务段已经给予上诉人六个月停工留薪期；2021年1月25日，上诉人提供某省劳动力鉴定中心出具的旧伤复发确认书，被上诉人再次给予上诉人六个月停工留薪期；上诉人2019年7月至11月仅办理了请假手续、没有提供劳动力鉴定部门出具的旧伤复发确认书，被上诉人在此期间按照病假工资标准向上诉人发放工资并不违反法律规定。综上，一审判决认定事实清楚，适用法律正确，应予维持；上诉人杨某的上诉理由不能成立，本院不予采纳。

二审判决结果：

2021年8月，某市中级人民法院判决：

驳回上诉，维持原判。本判决为终审判决。

【指导意义】

对办理同类案件的意义：

1. 旧伤复发申请享受工伤待遇，必须以劳动力鉴定部门出具的旧伤复发确认书为前提。本案中,杨某于 2019 年 7 月至 11 月旧伤复发后,仅办理了请假手续,而未在 2019 年 2 月 22 日某省劳动能力鉴定委员会鉴定结论作出之日起 1 年后,进行申请劳动能力复查鉴定,导致法院未支持其诉讼请求。借鉴本案,铁路企业职工发生因工伤复发引起的纠纷时,应在规定的期限内向劳动能力鉴定部门申请鉴定,取得劳动力鉴定部门出具的旧伤复发确认书,方可取得法院的支持。

2. 铁路企业发现裁判文书认定事实或者适用法律错误的,应及时采取有效的法律手段主张其合法权益。本案仲裁委裁决,“申请人因工伤后期康复治疗申请病假,被申请人应全额支付其年终奖金”,但根据有关规定,工伤职工仅在停工留薪期内享受原工资福利待遇,病假期间由企业按有关规定支付其病假工资。因此,仲裁委裁决铁路企业在病假期间全额支付其年终奖金缺乏法律依据,损害了铁路企业的合法利益。本案提示,铁路企业发现裁判文书认定事实或者适用法律错误的,应及时采取有效的法律手段,积极主张、切实维护合法利益。

对规范铁路企业经营管理行为的意义:

1. 加强工伤业务办理指导,避免引发工伤待遇纠纷。本案中,由于铁路职工不清楚工伤复发后向有关部门申请劳动能力复查鉴定的具体时间,造成原告丧失了享受工伤待遇。借鉴本案,铁路企业应加强有关工伤业务知识的宣传,建立完善职工办理工伤制度,规范操作流程,对职工办理工伤过程中遇到的问题及时答疑解惑。这样既有利于避免发生工伤纠纷,也有利于维护职工的合法权益,体现铁路企业的人文关怀。

2. 注重留存职工办理工伤手续的资料,为铁路企业发生纠纷提供有力的证据支撑。某电务段保留了杨某申请办理工伤的所有资料并做好书面记录,形成相对完整的证据链条,在庭审中能够充分证明杨某未向劳动力鉴定部门申请 2019 年 7 月至 11 月期间的旧伤复发鉴定,也未向被告提出延长停工留薪的书面申请,得到了法院的支持。铁路企业发生同类案件,应重视对职工申请工伤资料进行记录留存,发生纠纷时能够充分举证,避免承担不应承担的责任。

【法规链接】

案件裁判法律依据：

1.《关于贯彻执行〈中华人民共和国劳动法〉若干问题的意见》（劳部发〔1995〕309 号，2021 年 3 月 12 日发布）

第五十九条 职工患病或非因工负伤治疗期间，在规定的医疗期内由企业按有关规定支付其病假工资或疾病救济费，病假工资或疾病救济费可以低于当地最低工资标准支付，但不能低于最低工资标准的 80%。

2.《工伤保险条例》（2004 年 1 月 1 日起施行，2010 年 12 月 20 日修订）

第二十八条 自劳动能力鉴定结论作出之日起 1 年后，工伤职工或者其近亲属、所在单位或经办机构认为伤残发生变化的，可以申请劳动能力复查鉴定。

第三十三条 职工因工作遭受事故伤害或者患职业病需要暂停工作接受工伤医疗的，在停工留薪期内，原工资福利待遇不变，由所在单位按月支付。

停工留薪期一般不超过 12 个月。伤情严重或者情况特殊，经设区的市级劳动能力鉴定委员会确认，可以适当延长，但延长不得超过 12 个月。工伤职工评定伤残等级后，停发原待遇，按照本章的有关规定享受伤残待遇。工伤职工在停工留薪期满后仍需治疗的，继续享受工伤医疗待遇。

生活不能自理的工伤职工在停工留薪期需要护理的，由所在单位负责。

第三十八条 工伤职工复发，确认需要治疗的，享受本条例第三十条、第三十二条和第三十三条规定的工伤待遇。

3.《中华人民共和国劳动法》（2018 年 12 月 29 日起施行）

第四十八条 国家实行最低工资保障制度。最低工资的具体标准由省、自治区、直辖市人民政府规定，报国务院备案。

用人单位支付劳动者的工资不得低于当地最低工资标准。

第五十条　工资应当以货币形式按月支付给劳动者本人。不得克扣或者无故拖欠劳动者的工资。

4.《关于工资总额组成的规定》(1990 年 1 月 1 日起施行)

第四条　工资总额由下列六个部分组成:

(一)计时工资;

(二)计件工资;

(三)奖金;

(四)津贴和补贴;

(五)加班加点工资;

(六)特殊情况下支付的工资。

第三类　经济合同纠纷

义务履行条件未成就的　义务人有权拒绝履行

——某村村民委员会诉某工务段、某乡人民政府耕地荒芜补偿合同纠纷案

【案件基本信息】

原告:某村村民委员会。

被告:中国铁路某局集团有限公司某工务段。

第三人:某乡人民政府。

案由:耕地荒芜补偿合同纠纷。

裁判文书字号:(2020)豫1203民初1161号民事判决书。

【基本案情】

原告诉称:自2008年陇海铁路实施封闭以来,因铁路封闭阻隔,造成原告村民86亩耕地无法耕种。2016年2月29日,原、被告及第三人签订《某铁路上行侧土地荒芜补偿协议书》约定,为补偿村民损失,将在某村实施的铁路立交工程结余资金作为补偿款支付给村民,不足部分由中国铁路某局集团有限公司某工务段(以下简称某工务段)负责解决,补偿标准为300元/(亩×年),补偿年限总计8年,共206 400元。某工务段在该铁路立交施工结束后,将土地荒芜补偿费一次性支付给第三人,由第三人支付给某村村民委员会。2016年11月29日,原、被告及第三人签订《补充协议》,约定某工务段向某村再支付一年(2017年)补偿款,费用为25 800元。截至2019年底,某工务段仅支付补偿款162 900元,包括2018年、2019年在内的剩余补偿费,共120 900元一直未付。故某村村民委员会向法院起诉,要求某工务段支付剩余补

偿费 120 900 元及利息。

被告辩称：为改善铁路沿线群众出行，2016 年 2 月 29 日，某村村民委员会、某工务段、某乡人民政府三方签订《某线增建立交协议书》约定，在某村新建一座铁路立交。同日，三方又签订《某铁路上行侧土地荒芜补偿协议书》约定，对村民损失进行补偿，补偿费由三方共同核定金额后，由在此处实施的铁路立交工程结余资金（铁路立交工程施工结束后确定）支付。2016 年 11 月 29 日，三方再次签订《补充协议》约定，补偿费增加 2017 年一年，并注明此费用为最终费用，不得增加和减少，某村村民委员会要求 2018 年、2019 年补偿费没有任何依据。协议签订后，因村民无故阻挠施工，涉案铁路立交工程至今尚未施工完毕，支付补偿费的条件尚未成就。但是为保障涉案工程顺利推进，我方无奈先支付了补偿费 166 100 元。

第三人诉称：按《某铁路上行侧土地荒芜补偿协议书》《补充协议》约定执行。

法院审理查明：为保证运输安全和改善铁路沿线群众的出行条件，某村村民委员会、某工务段、某乡人民政府三方于 2016 年 2 月 29 日充分协商，达成了《某线增建立交协议书》约定，在某村新建一座铁路立交，某工务段按照国家相关规定支付青苗补偿费和临时占地费，某乡人民政府要安排专人负责协调施工中存在的涉及地方问题，保证施工顺利进行，某村村民委员会做好相关协调工作，不得随意阻挠。同日，三方又签订《某铁路上行侧土地荒芜补偿协议书》约定，某线上行侧某村村民的耕地因铁路封闭阻隔造成 84 亩土地无法耕种，将在某村实施的铁路立交工程结余资金作为补偿款支付给村民，不足部分由某工务段负责解决，补偿标准为 300 元/（亩 × 年），补偿年限总计 8 年，该补偿为一次性最终补偿。某工务段施工过程中，某乡人民政府和某村村民委员会要提供工作便利，不得随意阻拦。2016 年 11 月 29 日，三方又达成《补充协议》，约定某工务段在该铁路立交施工结束后，一次性将补偿费支付给某乡人民政府，由某乡人民政府支付给某村村民委员会，并增加一年（2017 年）费用 25 800 元，此费用为最终费用，不得增加和减少。若出现当地村民无理阻挠施工,某乡人民政府和某村村民委员会要及时制止和积极协调,确保施工顺利实施。为更好保障施工,某工务段先后两次支付补偿费共计 166 100 元。但在施工过程中,村民以不同的理由阻挠施工,导致涉案铁路立交项目至今仍未竣工。

【案件焦点】

案件焦点:某工务段是否应当向某村村民委员会支付补偿费。

观点 1:某工务段应当向某村村民委员会支付补偿费。某工务段在某村附近施工,造成土地无法耕种,应当按照《某铁路上行侧土地荒芜补偿协议书》《补充协议》约定向村民委员会补偿损失。

观点 2:某工务段不应当向某村村民委员会支付补偿费。依据《某铁路上行侧土地荒芜补偿协议书》《补充协议》约定,只有在铁路立交施工结束后,某工务段才需向某村村民委员会支付补偿费。因村民阻挠施工,铁路立交工程还没有完工,支付条件尚未成就,某工务段不应当支付补偿费。

【法院裁判要旨】

一审法院认为:

某村村民委员会、某工务段、某乡人民政府 2016 年 2 月 29 日签订的《某铁路上行侧土地荒芜补偿协议书》以及于 2016 年 11 月 29 日签订的《补充协议》均符合《中华人民共和国民法典》规定,且不违背法律规定的禁止或限制性条件,属于合法、有效的书面合同,本院予以确认。按照上述两份协议的约定,某工务段应向某村村民委员会有关村民补偿因涉案立交项目建设、铁路封闭导致村民上行侧土地荒芜、无法耕种的损失费用 232 200 元(截至 2017 年度)。上述两份协议又约定,某村村民委员会、某乡人民政府有义务及时制止和积极协调因村民无理阻挠施工、随意拦截施工车辆以及强行参与施工等扰乱施工正常进行的行为,确保如期完工,否则造成停工等损失由原告和第三人负责。涉案补偿费支付的程序和条件为该立交施工结束后由某工务段一次性将补偿费支付给某乡人民政府,再由某乡人民政府支付给某村村民委员会。但在涉案立交项目的施工过程中,数次出现某村村民委员会所属村民阻挠施工。因某村村民委员会及某乡人民政府未能有效制止和协调,涉案项目至今未能完工,故某村村民委员会要求支付剩余补偿费的条件不能成立。至于某村村民委员会要求被告支付 2018 年至 2019 年度的补偿费和自 2017 年 5 月 1 日起按月息千分之五计算的利息,因无证据证实,本院不予采信,至于某工务段自愿先行支付的 166 100 元补偿费,因系其自愿且符合法律规定,本院予以准许。

一审判决结果:

2021 年 1 月,某市某区人民法院判决:

驳回某村村民委员会的诉讼请求。

一审判决后各方均未上诉,判决已生效。

【指导意义】

对办理同类案件的意义:

1. 积极收集阻工证据,明确过错责任主体。涉案工程于 2016 年开工建设后,因当地村民多次阻挠,导致工程迟迟无法按期建成和投入使用,给铁路生产和当地居民生活都带来了一定的影响。在工程建设过程中,为避免日后可能出现的纠纷,涉案单位及时收集了当地村民阻挠施工建设的照片、视频等资料,并将其作为证据固定下来,为后续法院查明工程无法交付、补偿款无法支付,明确村民过错责任,提供了扎实的证据基础。

2. 拒绝履行附条件的合同义务应当积极证明义务履行条件尚未成就。履行合同义务应当依据合同约定,合同没有约定的,应当依据法律规定。根据涉案各方签订的合同约定,某工务段虽然负有支付补偿款的义务,但支付补偿款应以工程施工结束为前提,在施工结束前,某工务段有权拒绝支付补偿款。本案中,某工务段通过举证,向法院证实了涉案工程没有完工,补偿款支付条件尚未成就的客观情况,经法院审理确认,依法驳回了某村村民委员会的诉讼请求。

对规范铁路企业经营管理行为的意义:

1. 进一步提升证据意识和应急处置能力。铁路工程建设工期长,往往对附近居民生产、生活产生较大影响,难免会引发一些纠纷。铁路企业在日常管理中,要注重培养铁路一线施工人员的证据意识和应急处置能力,特别是在面对突发事件时,做到不慌乱、合理应对、依法处置,及时收集固定证据。本案中,针对村民阻工行为,铁路企业及时收集、固定了大量证据,为后期的案件处置提供了有力的支持。

2. 铁路建设纠纷处理应积极协调多方参与。铁路企业在铁路建设项目过程中,往往会与附近居民发生各式各样、难以预料的纠纷或问题,有些可通过双方协商解决,有些则比较棘手,甚至影响工程项目的推进和实施。在发生纠纷问题时,铁路企业要善于借助外部力量或资源,主动邀请地方政府、调解部门参与进来,帮助铁路企业解决矛盾、化解纠纷,确保铁路建设项目按期完工。

【法规链接】

《中华人民共和国民法典》(2021 年 1 月 1 日起施行)

第一百五十八条　民事法律行为可以附条件,但是根据其性质不得附条件的除外。附生效条件的民事法律行为,自条件成就时生效。附解除条件的民事法律行为,自条件成就时失效。

第四百七十条　合同的内容由当事人约定,一般包括下列条款:

(一)当事人的姓名或者名称和住所;

(二)标的;

(三)数量;

(四)质量;

(五)价款或者报酬;

(六)履行期限、地点和方式;

(七)违约责任;

(八)解决争议的方法。

当事人可以参照各类合同的示范文本订立合同。

第五百零二条　依法成立的合同，自成立时生效，但是法律另有规定或者当事人另有约定的除外。

依照法律、行政法规的规定，合同应当办理批准等手续的，依照其规定。未办理批准等手续影响合同生效的，不影响合同中履行报批等义务条款以及相关条款的效力。应当办理申请批准等手续的当事人未履行义务的，对方可以请求其承担违反该义务的责任。

依照法律、行政法规的规定，合同的变更、转让、解除等情形应当办理批准等手续的，适用前款规定。

涉及业主共同利益的诉求个别业主不具备诉讼主体资格

——沈某诉某物业公司物业服务合同纠纷案

【案件基本信息】

原告:沈某。

被告:某物业公司。

案由:物业服务合同纠纷。

裁判文书字号:(2021)豫0103民初11949号民事判决书。

【基本案情】

原告诉称:原告入住某市某区某小区时与被告签订《前期物业管理服务合同》,约定了物业服务内容与质量、服务费用、物业经营与管理等内容,原告认为该合同按照《中华人民共和国民法典》规定至今有效,没有终止也没有解除,但被告未实际履行,而是外包给了其他公司,请求法院判令被告履行与原告签订的《前期物业管理服务合同》。

被告辩称:(1)物业服务合同已不具备继续履行的条件。铁路小区"三供一业"管理服务需向地方政府移交,下步将由业主委员会组织,通过公开招投标方式选取新的物业公司。目前移交工作正在有序推进过程中。因此原告要求被告继续提供物业服务属于强制一方继续履行,有违当事人真实意思表示,也与国家政策导向不符。(2)答辩人并非适格被告。《前期物业服务合同》是原告与案外人甲物业公司签订,答辩人并非合同签订主体。2016年,经上级单位指示,甲物业公司转入答辩人管理之下,甲物业公司债权债务及与其他单位签订的相关经济合同由答辩人承担、履行。但在答辩人接手甲物业公司之前,案外人乙物业公司已经全面负责该小区保洁、保安及日常维护等服务并收取物业服务费,且小区现状仍有乙物业公司服务管理,如要改变这一现状则需召开业主大会或经业委会同意。

法院审理查明:原告系某小区业主。2010 年 12 月 8 日,原告与案外人甲物业公司签订《前期物业管理服务合同》,双方就物业服务内容与质量、服务费用、物业经营与管理等方面进行了约定。履行期限自 2010 年 12 月 8 日起至本小区业主委员会成立并与选聘的物业公司签订物业服务委托合同生效时止。2016 年 9 月 2 日,某铁路局下发文件显示自 2016 年 9 月 1 日起,案外人甲物业公司整建制划入本案被告某物业公司,债权债务及与其他单位签订的相关经济合同由某物业公司承担、履行。2017 年 8 月 21 日,某铁路局下发文件显示某小区属于"三供一业"物业管理移交范围。原告向合同相对方甲物业公司、现物业管理单位乙物业公司均交过物业费。

【案件焦点】

案件焦点:原告是否有权要求继续履行《前期物业服务合同》。

观点 1:有权要求履行。该合同并未解除或终止,被告作为合同当事人权利义务的承继方,原告有权要求被告依合同继续履行物业服务义务。

观点 2:无权要求履行。该合同已经不具备继续履行的条件,且原告要求事项涉及全体业主共同利益,需由全体业主共同决定,原告个人不能代表全体业主主张继续履行合同。

【法院裁判要旨】

法院认为:

业主对建筑物内的住宅、经营性用房等专有部分享有所有权,对专有部分以外的共有部分享有共有和共同管理的权利。有关共有和共同管理权利的其他重大事项由业主共同决定。本案中,原告主张履行的《前期物业管理服务合同》,虽合同签订主体为原告和案外人甲物业公司(后整建制划入本案被告某物业公司,权利义务由本案被告承继),但原告要求被告履行物业服务的范围涉及全体业主的共同利益,而该事项必须由业主共同决定,原告以其个人名义起诉,显然不能代表全体业主的意志,其法律后果也不能由全体业主承担,故原告诉讼主体不适格,提起诉讼不符合法定起诉条件,依法应予驳回。

裁判结果:

2021 年 9 月,某市某区人民法院裁定:

驳回原告的起诉。

一审裁定后各方均未上诉,裁定已生效。

【指导意义】

对办理同类案件的意义:

1. 涉及业主共同利益的案件需首先确认诉讼主体资格。本案系物业服务合同纠纷,该合同签订主体虽然是业主个人与物业公司,但物业服务行为指向的对象是全体业主,业主对共有部分享有共有和共同管理的权利。单个业主作为原告以物业公司为被告提起诉讼,诉求涉及全体业主利益时,铁路物业公司在答辩过程应首先指出单个业主所持异议不能代表全体业主的意见,其不具备诉讼主体资格,以此来争取驳回起诉。但后续应与业主或业主委员会充分联络沟通,听取大多数业主的意见建议,争取共同解决矛盾纠纷。

2. 调解也是解决纠纷的有效途径。铁路物业公司多服务于铁路住宅小区、铁路生产区域,业主多为铁路单位和铁路职工,良好的物业服务能够为铁路职工消除后顾之忧,实现全心全意爱岗创效;铁路职工作为业主也应合理表达诉求,互商互谅。类似案件处置时,铁路物业公司应积极主张调解,在法院主持下达成双方均可理解接受的解决路径,自愿平等进行协商,进而妥善解决纠纷。

对规范铁路企业经营管理行为的意义:

1. 对外委托专项物业服务时应严格审查资质,全面、谨慎订立合同。铁路物业公司为了提升物业管理专业化水平,在保障全体业主利益不受损害的同时可以将物业管理区域内的专项服务业务委托给专业服务公司,比如安保、绿化、电梯维保等事项。这里应注意不得将全部物业服务转委托给其他公司或将物业服务肢解后分别转委托给其他公司,要选择具有相应资质的公司且审慎签订委托合同,对服务质量和标准以及专业公司不能满足服务质量和要求时应承担的违约责任作出具体确定的约定。

2. 对外委托专项物业服务应确保业主合法权益不受侵害。司法实践中,个体业主以物业公司未经同意擅自转委托专项服务而主张转委托合同无效的,虽有大多未得到支持,但如果转委托的行为侵害了业主的合法权益,物业公司仍然要承担相应的法律责任。这里就提醒铁路物业服务公司,物业服务过程中要以维护业主权益为主要责任,依约收取物业服务费用的同时,履行好物业服务合同中约定事项,向业主提供高质量的物业服务。物业公司未能履行物业服务合同的约定,导致业主人身、财产安全受到损害的,应当依法承担相应的法律责任。

3. 铁路物业公司应提升主动服务的意识,加强物业管理法律法规的宣传贯彻。铁路物业公司大多服务于铁路住宅小区和生产单位,应主动承担起维护服务区域内秩序的基本职责,做好保安保洁、绿化清运、设施设备的维修维护等物业服务事项,及时公示款项支出等重要信息,增强服务意识,提升服务水平,与业主互相理解,互商互谅,实现服务与管理相结合,共同营造和谐的家园氛围。同时,积极广泛学习并贯彻《中华人民共和国民法典》关于物业管理的最新规定与《物业管理条例》等相关法律法规,做好小区内相关法律法规的宣传教育工作。

【法规链接】

案件裁判法律依据:

1.《中华人民共和国民法典》(2021 年 1 月 1 日起施行)

第二百七十一条　业主对建筑物内的住宅、经营性用房等专有部分享有所有权,对专有部分以外的共有部分享有共有和共同管理的权利。

第二百七十八条　下列事项由业主共同决定:

(一)制定和修改业主大会议事规则;

(二)制定和修改管理规约;

(三)选举业主委员会或者更换业主委员会成员;

(四)选聘和解聘物业服务企业或者其他管理人;

(五)使用建筑物及其附属设施的维修资金;

(六)筹集建筑物及其附属设施的维修资金;

(七)改建、重建建筑物及其附属设施;

(八)改变共有部分的用途或者利用共有部分从事经营活动;

(九)有关共有和共同管理权利的其他重大事项。

业主共同决定事项,应当由专有部分面积占比三分之二以上的业主且人数占比三分之二以上的业主参与表决。决定前款第六项至第八项规定的事项,应当经参与表决专有部分面积四分之三以上的业主且参与表决人数四分之三以上的业主同意。决定前款其他事项,应当经参与表决专有部分面积过半数的业主且参与表决人数过半数的业主同意。

2.《中华人民共和国民事诉讼法》(2022 年 1 月 1 日起施行)

第一百二十二条　起诉必须符合下列条件:

(一)原告是与本案有直接利害关系的公民、法人和其他组织;

(二)有明确的被告;

(三)有具体的诉讼请求和事实、理由;

(四)属于人民法院受理民事诉讼的范围和受诉人民法院管辖。

第一百五十七条　裁定适用于下列范围:

(一)不予受理;

(二)对管辖权有异议的;

(三)驳回起诉;

(四)保全和先予执行;

(五)准许或者不准许撤诉;

(六)中止或者终结诉讼;

(七)补正判决书中的笔误;

(八)中止或者终结执行;

(九)撤销或者不予执行仲裁裁决;

(十)不予执行公证机关赋予强制执行效力的债权文书;

(十一)其他需要裁定解决的事项。

对前款第一项至第三项裁定,可以上诉。

裁定书应当写明裁定结果和作出该裁定的理由。裁定书由审判人员、书记员署名,加盖人民法院印章。口头裁定的,记入笔录。

标签瑕疵不能认定为不符合食品安全标准

——郑某诉某铁道旅游集团合同纠纷案

【案件基本信息】

原告:郑某。

被告:某铁道旅游集团有限责任公司。

案由:合同纠纷。

裁判文书字号:(2021)豫 0194 民初 208 号民事判决书,(2022)豫 01 民终 3304 号民事判决书。

【基本案情】

原告诉称:2021 年 6 月 3 日,郑某在某站中欧班列进口超市购买不同种类的葡萄酒、起泡酒共 36 瓶,价款共计 16 048 元。郑某认为其购买的葡萄酒中有 32 瓶未按规定标注境内代理商联系方式,不符合《中华人民共和国食品安全法》的规定。遂诉至法院,请求解除买卖合同,某铁道旅游集团有限责任公司(以下简称某铁道旅游集团)退款 14 396 元,并赔偿 143 960 元。《中华人民共和国食品安全法》第九十七条规定:"进口的预包装食品、食品添加剂应当有中文标签;依法应当有说明书的,还应当有中文说明书。标签、说明书应当符合本法及我国其他有关法律、行政法规的规定和食品安全国家标准的要求,并载明食品的原产地及境内代理商的名称、地址、联系方式。预包装食品没有中文标签、中文说明书或者标签、说明书不符合本条规定的不得进口。"某铁道旅游集团销售的红酒没有用中文标注联系电话,违反法律规定。同时,根据《中华人民共和国食品安全法》第一百四十八条第二款的规定,生产不符合食品安全标准的食品或者经营明知不符合食品安全标准的食品,消费者除要求赔偿损失外,还可以向生产者或者经营者要求支付价款十倍或者损失三倍的赔偿金。因此某旅游集团应退款 14 396 元,并赔偿十倍损失 143 960 元。

被告辩称:(1)涉案红酒均有入境检验检疫证明、海关进口货物报关单、发票复印件等资料,说明产品来源合法。且所售红酒全部具有中文标签,明确标注了原产地及境内代理商的名称、地址,仅有部分没有标注联系方式,属于标签瑕疵,不会对消费者造成误导,不属于不符合食品安全标准的产品。(2)原告作为职业打假人,其购买行为明显带有营利性质,不属于正常生活所需而进行的消费行为,其行为有悖于市场交易的诚实信用原则,故应驳回原告的诉讼请求。

法院审理查明:原告购买的红酒均贴有中文标签,并载明了原产地、进口商及生产商的名称、地址等信息,部分中文标签上未标注联系方式。另,涉案红酒系某铁道旅游集团从供应商霍尔果斯某公司订购,进口商分别是山东某国际贸易公司和潍坊某国际贸易公司。供应商从进口商处购入涉案红酒且具备销售进口食品的相关资格手续。

【案件焦点】

案件焦点:涉案红酒是否符合食品安全标准。

观点 1:《中华人民共和国食品安全法》明确规定进口的预包装食品应当有中文标签,标签上应载明食品的原产地及境内代理商的名称、地址、联系方式。涉案红酒没有标注联系方式,违反法律规定,因此不符合食品安全标准。

观点 2:因没有标注联系方式不影响食品安全且不会对消费者造成误导,涉案红酒进口手续齐全,产品检验合格,因此该红酒仅能认定为标签瑕疵而不能认定为不符合食品安全标准。

【法院裁判要旨】

一审法院认为:

原告购买涉案商品并支付货款,被告交付商品,双方之间的买卖合同成立并已履行。根据相关法律规定,除跨境电商零售商外,进口食品应当贴有中文标签,标签应当载明食品的原产地以及境内代理商的名称、地址、联系方式。涉案商品均贴有中文标签,且有入境货物检验检疫合格证明、海关进口货物报关单及对外贸易经营者备案登记等合法手续,中文标签上均注明了原产地、产品类型、境内代理商的名称和地址等信息,基本符合《中华人民共和国食品安全法》的相关规定,部分产品的中文标签上虽未载明联系电话,但不影响食品安全且不会对消费者造成误导,属于一般瑕疵,且原告没有充分证据证明涉案食品的来源违反我国食品安全国家标准以及进口食品的有关规定,亦未对食品质量提出异议,故对原告请求解除买卖合同并退款、要求被告按照十倍购买价进行赔偿的诉讼请求,本院不予支持。

一审判决结果:

2022 年 1 月,某区人民法院判决:

驳回原告郑某的诉讼请求。

郑某不服一审判决,向某市中级人民法院提起上诉。

二审法院认为:

被上诉人提供的商品均贴有中文标签,且有入境货物检验检疫合格证明、海关进口货物报关单及对外贸易经营者备案登记等合法手续,中文标签上均注明了原产地、产品类型、境内代理商的名称和地址等信息,基本符合《中华人民共和国食品安全法》的相关规定。上诉人提供的证据不能证明涉案食品系不符合食品安全标准的食品,其也未举证证明其因购买该食品受到损害,故对其诉求,本院不予支持。

二审判决结果:

2022 年 2 月,某市中级人民法院判决:

驳回上诉,维持原判。

【指导意义】

对办理同类案件的意义:

1. 深刻理解并运用法律内在精神,为答辩意见提供支撑。《中华人民共和国食品安全法》的立法目的就是为了保证食品安全,保障公众身体健康和生命安全。在本案的答辩过程中,铁路企业跳出了对具体法条的咬文嚼字,紧紧围绕着食品安全这一核心来阐述观点,即未标注联系方式并不影响食品安全且不会对消费者造成损害。同时,通过入境检验检疫证明、海关进口货物报关单等材料证明铁路企业销售的产品不存在质量问题,有力支持了我方产品符合食品安全标准的观点,从而赢得了判决。

2. 充分调查对方背景情况,获取有利信息。本案发生后,涉案铁路企业查询了原告的所有的涉诉信息,发现郑某曾以相似的理由在全国各地发起同类诉讼十余起,均是以产品标签瑕疵为由要求销售者承担十倍赔偿。涉案铁路企业由此推断郑某不是正常的消费者而是职业"打假人",并将该情况反馈给了主审法官,使法官更了解真实情况,从而做出更有利于我方的判决。

对规范铁路企业经营管理行为的意义:

1. 积极应对新情况。随着"一带一路"的深入开展,中欧班列开行班次逐年提升,铁路企业对外贸易、涉外业务开始增多,这在我们扩大市场、丰富经营模式的同时,也滋生了一些新问题新情况。以本案为例,进出口商品贸易在业务模式上涉及境外生产商、境外出口商、境内代理商、境内供应商的长供应链链条,在法律关系上涉及《中华人民共和国对外贸易法》《中华人民共和国海关法》《中华人民共和国产品质量法》《中华人民共和国食品安全法》等多种国内外法律,一旦发生纠纷,案件处理难度将大大提高。与此同时,国有企业从业人员在涉外商贸法律知识、涉外法律风险意识、法律风险防控能力、法律适用等方面还存在一定的缺失,在经营管理中容易考虑不周,囿于经验不足,极易引发纠纷。这些都对企业提升依法合规经营水平提出了要求,既需要从业务角度予以规范,也需要从法律角度加以防范。

2. 完善制度保障。面对新类型业务模式,如涉外贸易链条、知识产权保护、产品质量标准等事项,铁路企业要有针对性地加强制度建设,健全专业制度保障体系,为业务开展过程中的风险识别、处置、防范、化解提供制度依据和参考。要提高业务人员对相关重点政策的了解掌握,和相应的法律知识储备,逐步从被动应诉变为主动利用贸易规则和法律机制维护自身的合法权益。

3. 加强依法维权。铁路企业融入市场的同时,势必受到更多社会监督和消费者关注,不乏出现别有用心的消费者,采取“钻空子”的方式过度维权,一旦处置不善将会对企业的声誉和合法利益产生不利影响。因此,铁路企业既要合法经营更要加强依法维权,对恶意起诉的,要通过法律手段坚决维权。在供应商管理上也要强化合同约束,将合作各方的权利义务予以明确、细化,设置好风险应对措施和责任追究等重要条款,确保进口商品可溯源、上游供应商可追责。

【法规链接】

案件裁判法律依据:

《中华人民共和国食品安全法》(2021年4月29日起施行)

第九十七条　进口的预包装食品、食品添加剂应当有中文标签;依法应当有说明书的,还应当有中文说明书。标签、说明书应当符合本法及我国其他有关法律、行政法规的规定和食品安全国家标准的要求,并载明食品的原产地以及境内代理商的名称、地址、联系方式。预包装食品没有中文标签、中文说明书或者标签、说明书不符合本条规定的,不得进口。

第一百四十八条　生产不符合食品安全标准的食品或者经营明知是不符合食品安全标准的食品,消费者除要求赔偿损失外,还可以向生产者或者经营者要求支付价款十倍或者损失三倍的赔偿金;增加赔偿的金额不足一千元的,为一千元。但是,食品的标签、说明书存在不影响食品安全且不会对消费者造成误导的瑕疵的除外。

当事人举证不力将承担于己不利后果

——肖某诉某局集团公司合同纠纷案

【案件基本信息】

原告：肖某。

被告：中国铁路某局集团有限公司。

案由：合同纠纷。

裁判文书字号：(2020)豫7101民初212号民事判决书，(2021)豫71民终28号民事判决书。

【基本案情】

原告诉称：1992年其承接了被告中国铁路某局集团有限公司(以下简称某局集团公司)管辖范围内的某集体企业铁路旅社、食堂、代销点、门市房、物品寄存厂房、职工住宿房、看货房等处所的修建工程，多年索要工程款未果，诉请被告支付其劳务费(296 523.19元)及利息、交通费(1 324.5元)、垫付丧葬费(15 000元)等费用。

被告辩称：原告肖某没有证据证明与被告之间存在建设工程施工合同关系，且本案已超过诉讼时效，其要求给付丧葬费和交通费的诉求已在其他案件中作出判决，请求法院驳回原告肖某的诉讼请求。

法院审理查明：肖某在庭审中自认未与某局集团公司管辖范围内的某集体企业签订施工合同，双方也未对施工内容进行过结算。2000年肖某单方制作了4份工程决算表，但未得到某局集团公司管辖范围内的某集体企业认可。

【案件焦点】

案件焦点:原告肖某与被告某局集团公司之间是否存在建设工程施工合同关系。

观点1:存在建设工程施工合同关系。1992年,肖某在某火车站修建工程期间,一并承包了某劳动服务公司的铁路旅社、食堂、代销点、门市房、物品寄存厂房、职工宿舍房、看货房等处所的修建工程,肖某包工包料施工完成后,某劳动服务公司未支付原告施工款。

观点2:不存在建设工程施工合同关系。肖某与某劳动服务公司未签订建设工程施工合同,肖某提交的4张工程结算表均为其事后单方制作,且多处存在涂改痕迹,没有工程名称和施工时间、地点,亦没有委托方签认。购料发票为肖某本人开具或其指使他人开具,不能证明其物料用途及施工情况。

【法院裁判要旨】

一审法院认为:

原告肖某所举证据不能证明某劳动服务公司欠其工程款,也不能证明被告某局集团公司应对某劳动服务公司的债务承担责任,根据《中华人民共和国民事诉讼法》"当事人对自己的主张有责任提供证据,未能提供证据或者证据不足以证明其主张的,由负有举证证明责任的当事人承担不利的后果"之规定,原告肖某提出的诉讼请求没有事实和法律依据,应予驳回。

一审判决结果:

2021年3月,某铁路运输法院判决:

驳回原告肖某的诉讼请求。

肖某不服一审判决,向某铁路运输中级法院提起上诉。

二审法院认为:

上诉人肖某曾因其与某车站在1992年至1996年间存在劳务合同纠纷为由,以某局集团公司为被告要求支付工程款,一审法院作出

(2019)豫 7101 民初 17 号民事判决,支持了上诉人肖某的部分诉讼请求,该判决已发生法律效力。现上诉人肖某提起本案诉讼,要求被上诉人某局集团公司支付其某车站劳动服务公司在同一时期欠付的工程款及其垫付的丧葬费。但其提交的证据不能证明某劳动服务公司欠付其施工款及其垫付的丧葬费,亦不能证明被上诉人某局集团公司应对某劳动服务公司的债务承担责任。二审法院以上诉人肖某提起本案诉讼没有事实和法律依据为由,驳回上诉。

二审判决结果:

2021 年 6 月,某铁路运输中级法院判决:

驳回上诉,维持原判。

【指导意义】

对办理同类案件的意义:

1. 合理利用举证责任分配规则,取得案件胜诉。当事人对自己提出的主张,有责任提供证据。在作出判决前,当事人未能提供证据或者证据不足以证明其事实主张的,由负有举证证明责任的当事人承担不利的后果。本案中,肖某主张与某劳动服务公司存在建设工程施工合同关系,但无法举证证明双方之间签订了建设工程施工合同,也无法举证证明双方对工程内容进行过结算,仅提供了单方制作的工程决算单及购料发票,明显不足以证明其主张。一、二审法院均以其提出的诉讼请求没有事实和法律依据为由,驳回了肖某的诉请。民事诉讼举证责任的分配原则一般为"谁主张、谁举证",应诉过程中,要以审慎的态度看待对方主张与所提供证据之间是否形成完整的逻辑闭环,善于从中发现缺项和漏洞,削弱对方证据的证明力和主张的可信度,增加我方胜诉的机会。

2. 充分利用庭审质证程序,最大限度获取法庭支持。证据应当在法庭上出示,由当事人质证。未经质证的证据,不能作为认定案件事实的证据。本案中,针对原告肖某提交的证据,被告某局集团公司围绕真实性、合法性、关联性,精准提出质证意见,大部分取得法庭确认,致使原告提交的8大类214份证据材料仅有2份被法庭采信。质证是庭审的关键环节,应诉人员要充分利用法律赋予我们的程序权利,围绕证据“三性”综合发表质证意见,向法庭清晰传递对对方出示证据的哪个性质存有异议,异议具体内容是什么,切不可单纯发表“不认可”“没意见”等概括笼统的质证意见。

对规范铁路企业经营管理行为的意义:

1. 依法履行工程项目招投标程序,选择资质过关、资信良好的施工单位作为合作对象。铁路企业作为服务地方经济社会发展的支柱产业,无论是开通新线的铁路基本建设工程,还是站房修缮、站区环境整治等零小工程,均关系到广大旅客的出行安全,选择适格的工程施工单位,对确保工程保质保量按期完成意义重大。铁路企业应根据法律法规及企业内部规章制度规定,严格工程立项审批、招标文件编制、评标过程监督等程序,通过官方平台发布招标公告,结合工程内容及要求,对施工单位资质条件、财务状况、经营风险、履约能力进行综合审查。根据《最高人民法院关于审理建设工程施工合同纠纷案件适用法律问题的解释(一)》规定,施工单位未取得建筑业企业资质、超越资质等级、没有资质借用有资质的建筑施工企业名义、建设工程必须进行招标而未招标或中标无效等情形均会导致后续签订的建设工程施工合同无效,铁路企业应加大工程项目招投标组织及资质、资信审查力度,避免出现因上述情形导致合同无效,继而产生维权困局。

2. 注重编制、起草、留存工程项目招投标及合同等相关资料,超前防范建设工程合同纠纷。建设工程合同是建设方与施工方存在建设工程合同关系的直接证明,铁路企业应积极争取建设工程合同的起草权,将工程范围、工期、价款、支付方式、工程质量、质保金、违约责任、农民工工资支付等重要条款约定明确,避免因约定不明发生纠纷。同时还应注意建设工程合同约定内容应与招标文件、投标文件、中标通知书保持一致。根据《最高人民法院关于审理建设工程施工合同纠纷案件适用法律问题的解释(一)》规定,建设工程合同内容与招标文件、投标文件、中标通知书不一致的,以招标文件、投标文件、中标通知书为准,因此，项目招投标资料及合同资料均应纳入工程档案目录，一并保存。

【法规链接】

案件裁判法律依据：

1.《中华人民共和国民事诉讼法》（2022 年 1 月 1 日起施行）

第六十七条　当事人对自己提出的主张，有责任提供证据。

当事人及其诉讼代理人因客观原因不能自行收集的证据，或者人民法院认为审理案件需要的证据，人民法院应当调查收集。

人民法院应当按照法定程序，全面地、客观地审查核实证据。

第一百七十七条　第二审人民法院对上诉案件，经过审理，按照下列情形，分别处理：

（一）原判决、裁定认定事实清楚，适用法律正确的，以判决、裁定方式驳回上诉，维持原判决、裁定；

（二）原判决、裁定认定事实错误或者适用法律错误的，以判决、裁定方式依法改判、撤销或者变更；

（三）原判决认定基本事实不清的，裁定撤销原判决，发回原审人民法院重审，或者查清事实后改判；

（四）原判决遗漏当事人或者违法缺席判决等严重违反法定程序的，裁定撤销原判决，发回原审人民法院重审。

原审人民法院对发回重审的案件作出判决后，当事人提起上诉的，第二审人民法院不得再次发回重审。

2.《最高人民法院关于适用〈中华人民共和国民事诉讼法〉的解释》（2021 年 1 月 1 日起施行）

第九十条　当事人对自己提出的诉讼请求所依据的事实或者反驳对方诉讼请求所依据的事实，应当提供证据加以证明，但法律另有规定的除外。

在作出判决前，当事人未能提供证据或证据不足以证明其事实主张的，由负有举证证明责任的当事人承担不利的后果。

第九十一条　人民法院应当按照下列原则确定举证证明责任的承

担,但法律另有规定的除外:

(一)主张法律关系存在的当事人,应当对产生该法律关系的基本事实承担举证证明责任;

(二)主张法律关系变更、消灭或者权利受到妨害的当事人,应当对该法律关系变更、消灭或者权利受到妨害的基本事实承担举证证明责任。

第四类　其　他

新冠肺炎疫情期间的工伤认定应综合考虑

——陈某诉某市人力资源与社会保障局、某省人力资源与社会保障厅工伤保险争议案

【案件基本信息】

原告（被上诉人）:陈某。

被告（上诉人）:某市人力资源与社会保障局。

被告（原审被告）:某省人力资源与社会保障厅。

第三人:中国铁路某局集团有限公司某供电段。

案由:工伤保险争议。

裁判文书字号:（2020）豫 7101 行初 706 号行政判决书,（2021）豫 71 行终 179 号行政判决书。

【基本案情】

原告（被上诉人）诉称:2020 年 2 月 8 日 18 时 20 分许,其丈夫孙某在单位值班,因头晕身体不适向工长反映并要求回家吃药,工长同意并送孙某回家。19 时左右,其向工长请假让孙某在家休息,工长表示同意。2 月 9 日 7 时 50 分左右,其发现孙某呼之不应,随即让女儿拨打 120 急救电话,急救人员赶到现场后将孙某送入某市人民医院救治,孙某经抢救无效于 2 月 9 日 21 时 35 分死亡。随后,第三人中国铁路某局集团有限公司某供电段（以下简称某供电段）为孙某向某市人社局申请工伤认定,某市人社局于作出不予认定工伤决定书。陈某向某省人社厅申请行政复议。某省人社厅维持某市人社局的不予认定工伤决定书。陈某认为孙某的死亡符合在工作时间、工作岗位“突发疾病

死亡或者在48小时之内经抢救无效死亡”的情形,应当适用《工伤保险条例》的规定,视同工伤。因此,提起诉讼,要求撤销某市人社局决定,重新作出工伤认定;撤销某省人社厅的行政复议决定书。

被告(上诉人)某市人力资源与社会保障局辩称:一是孙某虽是在工作时间工作岗位突发疾病,且是在发病后48小时之内死亡,但其是在发病后回家休息,次日才从家送入医院,并不是从单位直接送医院救治,孙某的情形不符合《某省人力资源和社会保障厅关于工伤保险若干问题的意见》中的规定,不应当认定工伤(或者视同工伤)。二是不予认定工伤决定适用法规正确,程序合法。

被告(原审被告)某省人力资源与社会保障厅辩称:一是行政复议决定程序合法;二是孙某所受伤害与工作无关的事实已由相关证据予以证实,不符合《工伤保险条例》规定的情形,不应当认定为工伤或者视同工伤。某市人力资源与社会保障局作出的不予认定工伤决定事实清楚、证据充分、适用依据正确。

第三人某供电段述称:孙某在上班时间因身体不适请假回家。因为家距工区门口特别近,该家属楼与上班的工区距离极短,因身体不适临时回去休息,若有工作的需要可以随时通知孙某到岗,不会实质影响到工作进度,因此家属楼可以视为孙某工作岗位的合理延伸。事发当日,救护车将孙某接往医院急救,孙某经抢救无效当天死亡,孙某的死亡符合《工伤保险条例》中关于视同工伤的规定,某市人力资源与社会保障局和某省人力资源与社会保障厅适用法律错误,行政行为错误。

法院审理查明:2020年2月8日18时20分许,在单位值班的孙某因头晕、身体不适向工长反映并要求回家吃药,工长同意并送其回家。19时左右,孙某的妻子陈某为其请假在家休息,工长表示同意。2月9日7时50分左右,陈某发现丈夫孙某呼之不应,随即让女儿拨打120急救电话,急救人员赶到现场后将孙某送入某市人民医院救治,孙某经抢救无效于2月9日21时35分死亡。死亡原因:桥脑出血,蛛网膜下腔出血。2月14日,第三人某供电段为孙某向某市人力资源与社会保障局申请工伤认定。某市人力资源与社会保障局于4月23日作出不予认定工伤决定书,4月28日送达原告陈某和第三人。5月11日,陈某向某省人力资源与社会保障厅申请行政复议。7月29日某省人力资源与社会保障厅作出行政复议决定书,并送达申请人陈某与被申请人某市人力资源与社会保障局。

【案件焦点】

案件焦点:孙某的死亡是否属于工伤。

观点1:不属于工伤。孙某在工作时间工作岗位因身体不适后回家休息,次日才从家送入医院,并不是从单位直接送医院救治。不符合从工作岗位上直接前(送)往医院或当场抢救,经抢救无效在48小时之内死亡的情形,不应当视同工伤。

观点2:属于工伤。在新冠肺炎疫情期间,社会防控形势严峻。孙某在工作时间和工作岗位突发疾病,未及时就医治疗而选择回家吃药休息缓解系一种正常处理方式。孙某的死亡具有突发性、严重性、工作性、疾病与死亡结果的连续性,符合在工作时间、工作岗位“突发疾病死亡或者在48小时之内经抢救无效死亡”的情形,应当视同工伤。

【法院裁判要旨】

一审法院认为:

某市人社局作为某局集团公司所在地的社会保险行政部门,具有受理用人单位、工伤职工或其直系亲属、工会组织提出的工伤认定申请并依法作出工伤认定结论的行政职权。《工伤保险条例》规定的视同工伤应从疾病的突发性、严重性、工作性及与结果的连续性方面来理解。孙某在工作时间和工作岗位突发疾病,后经抢救无效死亡。死亡距突发疾病约27个小时,疾病特征符合桥脑出血导致死亡的医学描述。孙某在工作时间、工作岗位发生的身体异常与其最终因病导致死亡结果之间应认定具有连续性和因果关系。本案发生在新冠肺炎疫情期间,社会防控形势严峻。孙某未及时就医治疗而选择回家吃药休息缓解系一种正常处理方式,应予充分理解。

一审判决结果:

2020 年 10 月,某铁路运输法院判决:

1. 撤销某市人力资源和社会保障局作出的编号为豫省(郑)工伤不认字〔2020〕10255 号不予认定工伤决定书。

2. 撤销某省人力资源和社会保障厅作出的豫人社复议〔2020〕10 号行政复议决定书。

3. 某市人力资源和社会保障局于本判决生效之日起 60 日内重新作出工伤认定决定。

某市人力资源和社会保障局不服一审判决,向某铁路运输中级法院提起上诉。

二审法院认为:

如果仅以孙某在发病后没有直接从工作岗位上送往医院抢救就拒绝对其作出工伤认定,事实上限缩了《工伤保险条例》规定的适用条件,有悖于保障劳动者合法权益的立法目的,孙某作为不具备专业医学知识的普通人,对自身病情的严重情况难以作出正确判断,并且当时正值新冠肺炎疫情严格防控期间,孙某在发病初期没有第一时间选择就医治疗而是回家吃药休息符合当时的客观实际。另外,孙某的住宅紧邻单位,其在家中暂时休息是得到工长同意的,其并未脱离工作岗位,如有需要可随时返回单位工作。从孙某在单位发病到其死亡时间符合在 48 小时内经抢救无效死亡的法定情形,应当按照《工伤保险条例》规定视同工伤。某市人社局的上诉请求和理由不能成立,本院不予支持。一审判决认定事实清楚,适用法律正确,应予维持。

二审判决结果:

2021 年 4 月,某铁路运输中级法院判决:

驳回上诉,维持原判。本判决为终审判决。

【指导意义】

对办理同类案件的意义:

新冠肺炎疫情期间的工伤认定具有特殊性。《工伤保险条例》规定:"在工作时间和工作岗位,突发疾病死亡或者在48小时之内经抢救无效死亡的,视同工伤。"但是本案发生在新冠肺炎疫情期间,社会防控形势严峻。2020年1月20日,国家卫健委发布了公告,将新冠肺炎纳入《中华人民共和国传染病防治法》规定的乙类传染病,并采取甲类传染病的预防、控制措施。本案中,孙某在发病后没有第一时间选择就医治疗,而是回家吃药休息,符合当时的客观实际。并且,从《工伤保险条例》立法本意和保护劳动者的宗旨出发,工伤认定应综合考虑新冠肺炎疫情时期的特殊情形,不应机械界定"工作时间"和"工作岗位"。

对规范铁路企业经营管理行为的意义:

新冠肺炎疫情期间,铁路运输企业要加强对职工的关心和爱护,将责任落实到部门、班组、岗位和个人,把维护职工生命安全和身体健康放在第一位,切实了解和掌握职工的身体状况,尤其是老弱病残孕职工的情况。同时,在车间、班组和职工宿舍等地点配备日常和急救药品,保障职工以良好的工作状态、饱满的热情和稳定的心态投入到工作岗位中。

【法规链接】

案件裁判法律依据:

1.《中华人民共和国行政诉讼法》(2017年7月1日起施行)

第八十九条　人民法院审理上诉案件,按照下列情形,分别处理:

(一)原判决、裁定认定事实清楚,适用法律、法规正确的,判决或者裁定驳回上诉,维持原判决、裁定;

(二)原判决、裁定认定事实错误或者适用法律、法规错误的,依法改判、撤销或者变更;

（三）原判决认定基本事实不清、证据不足的，发回原审人民法院重审，或者查清事实后改判；

（四）原判决遗漏当事人或者违法缺席判决等严重违反法定程序的，裁定撤销原判决，发回原审人民法院重审。

原审人民法院对发回重审的案件作出判决后，当事人提起上诉的，第二审人民法院不得再次发回重审。

人民法院审理上诉案件，需要改变原审判决的，应当同时对被诉行政行为作出判决。

2.《最高人民法院关于适用〈中华人民共和国行政诉讼法〉的解释》（2018 年 2 月 8 日起施行）

第一百三十六条　人民法院对原行政行为作出判决的同时，应当对复议决定一并作出相应判决。

人民法院依职权追加作出原行政行为的行政机关或者复议机关为共同被告的，对原行政行为或者复议决定可以作出相应判决。

人民法院判决撤销原行政行为和复议决定的，可以判决作出原行政行为的行政机关重新作出行政行为。

人民法院判决作出原行政行为的行政机关履行法定职责或者给付义务的，应当同时判决撤销复议决定。

原行政行为合法、复议决定违法的，人民法院可以判决撤销复议决定或者确认复议决定违法，同时判决驳回原告针对原行政行为的诉讼请求。

原行政行为被撤销、确认违法或者无效，给原告造成损失的，应当由作出原行政行为的行政机关承担赔偿责任；因复议决定加重损害的，由复议机关对加重部分承担赔偿责任。

原行政行为不符合复议或者诉讼受案范围等受理条件，复议机关作出维持决定的，人民法院应当裁定一并驳回对原行政行为和复议决定的起诉。

3.《工伤保险条例》（2004 年 1 月 1 日起施行，2010 年 12 月 20 日修订）

第十五条　职工有下列情形之一的,视同工伤:

(一)在工作时间和工作岗位,突发疾病死亡或者在48小时之内经抢救无效死亡的;

(二)在抢险救灾等维护国家利益、公共利益活动中受到伤害的;

(三)职工原在军队服役,因战、因公负伤致残,已取得革命伤残军人证,到用人单位后旧伤复发的。

职工有前款第(一)项、第(二)项情形的,按照本条例的有关规定享受工伤保险待遇;职工有前款第(三)项情形的,按照本条例的有关规定享受除一次性伤残补助金以外的工伤保险待遇。

举证不力　承担败诉后果

——金某诉某机务段工伤保险纠纷案

【案件基本信息】

原告：金某。

被告：中国铁路某局集团有限公司某机务段。

案由：工伤保险纠纷案。

裁判文书字号：（2021）豫 0105 民初 13691 号民事判决书。

【基本案情】

原告诉称：原告的儿子白某系某铁路局某机务段（现中国铁路某局集团有限公司某机务段，以下简称某机务段）运用车间机车司炉员工，1987 年白某因工死亡，某机务段下达了某机北人（88）字第 047 号命令通知，原告享受供养亲属抚恤金待遇至失去供养条件时止，即原告死亡时止。其后被告给原告发放供养亲属抚恤金并根据每年政策上调金额，现被告给原告发放至 2020 年 11 月 2 日，其后的抚恤金没有再给原告发放，原告子女多次与被告协商，均未果。故诉请法院判令：(1)被告向原告支付供养亲属抚恤金差额 880 元(2020 年 1 月到 2020 年 11 月)和供养亲属抚恤金 1 555 元（2020 年 12 月），共计 2 435 元；(2)被告从 2021 年 1 月 1 日起按照每年调整后的亲属抚恤金标准发放该费用给原告；(3)被告承担本案受理费。

被告辩称：根据《关于将中国铁路某局集团有限公司工伤保险业务移交省直管理的通知》（某社保〔2020〕18 号）要求，某局集团有限公司于 2020 年 7 月 1 日将工伤保险业务移交到某省社会保险中心，因此,某机务段自2020年7月1日不再是原告供养亲属抚恤金的发放主体,也不是适格的被告。

法院审理查明:某机务段职工白某因工于1987年死亡,1988年3月14日,某机务段出具某机北人(88)字第047号《某铁路分局某机务北段命令通知》,主要载明,运用车间机车司炉白某不幸于1987年1月17日因工死亡。为照顾其家庭困难,按劳保条例的有关条文,经研究对其母亲金某的抚恤金及生活困难补助按如下办理:(1)支给供养直系亲属其母亲金某抚恤费为死者生前标准工资61元的25%(按月付至受供养者失去供养条件时止);(2)按月支给副补2.5元;(3)按月支给供养直系亲属一人生活补助费28元。以上总计每月支付45.75元,自1987年2月1日起实行。

2020年9月24日,某省人力资源和社会保障厅发布《某省人力资源和社会保障厅关于调整2020年伤残津贴等工伤保险待遇的通知》,主要载明,此次供养亲属抚恤金施行定额调整,调整额度为70元(孤寡老人或孤儿为90元);1996年9月30日前发生的工伤,伤残津贴和供养亲属抚恤金在上述标准的基础上每人每月另行增加10元;此次待遇水平自2020年1月1日起执行,调整所需费用,由现发伤残津贴、生活护理费、供养亲属抚恤金的资金渠道支付;根据有关规定,比照工伤待遇处理的人员,参照本通知执行,所需费用按原渠道列支。

2020年6月3日,某省社会保险中心出具某社保〔2020〕18号《关于将中国某局集团有限公司工伤保险业务移交省直管理的通知》,主要载明,根据某省直经办义务的实际,结合社会保险费缴纳年度基数调整的节点,中国某局集团有限公司经办的工伤保险业务从2020年7月1日起,移交到某省社会保险中心经办,由某省社会保险中心负责组织工伤保险费征收计划和工伤保险待遇支付等相关业务的办理;对委托你单位管理工伤保险经办业务期间所结存的基金,按照"先移交后审计"的原则,由你单位将截至2020年6月30日工伤保险基金账户余额,全额移交至某省社会保险财政专户。

【案件焦点】

案件焦点:被告是否应当向原告发放供养亲属抚恤金。

观点1:应当发放。1988年3月14日,某机务段出具《某铁路分局某机务北段命令通知》(某机北人(88)字第047号),明确原告享受供养亲属抚恤金待遇至失去供养条件时止,即原告死亡时止,但被告发放至2020年11月2日即停止。因此,被告应当继续向原告发放供养亲属抚恤金。

观点2:不应当发放。2020年6月,按照《关于将中国铁路某局集团有限公司工伤保险业务移交省直管理的通知》(某社保〔2020〕18号)要求,中国铁路某局集团有限公司于2020年7月1日将工伤保险业务移交到省社会保险中心。故自2020年7月1日起,应由某省社会保险中心对原告发放供养亲属抚恤金,被告不再是供养亲属抚恤金的发放主体。

【法院裁判要旨】

法院认为:当事人对自己提出的诉讼请求所依据的事实或者反驳对方诉讼请求所依据的事实有责任提供证据加以证明。没有证据或者证据不足以证明当事人的事实主张的由负有举证责任的当事人承担不利后果。根据被告所提交的某省社会保险中心文件可知,中国铁路某局集团有限公司经办的工伤保险业务从2020年7月1日起,移交到省社会保险中心经办;委托中国铁路某局集团有限公司管理工伤保险经办业务期间所结存的基金,由中国铁路某局集团有限公司将截至2020年6月30日工伤保险基金账余额,全额移交至省社会保险财政专户。原告提交的银行流水亦证明,从2020年7月起已由某省社保局发放供养亲属抚恤金。综上,原告主张被告支付供养亲属抚恤金,缺乏依据,本院不予支持。

判决结果:

2021年8月,某市某区人民法院判决:

驳回原告的诉讼请求。

一审判决后各方均未上诉,判决已生效。

【指导意义】

对办理同类案件的意义:

1. 地方政府部门出具的文件可以作为审理工伤保险争议案件的依据。本案中,法院依据某省社会保险中心出具的《关于将中国铁路某局集团有限公司工伤保险业务移交省直管理的通知》(豫社保〔2020〕18号),认定支付主体已经发生变更,判定被告不再是原告供养亲属抚恤金的支付主体。本案提示,铁路企业发生同类案件时,应留意地方政策性文件等对铁路系统与地方相关部门之间业务移交的规定,及时向法院提交,作为法庭审理的有利依据,支持我方主张。

2. 举证不利,应承担不利后果。本案中,原告主张“被告支付供养亲属抚恤金”,但未能提交相关证据来证明自己的主张,据此,法院依据《中华人民共和国民事诉讼法》“谁主张,谁举证”的原则,驳回了原告的诉讼请求。本案提示铁路企业,无论在起诉或应诉过程中,都应严格按照民事诉讼法“谁主张,谁举证”的原则,加强举证,切实维护铁路企业的利益。

对规范铁路企业经营管理行为的意义:

1. 铁路企业向地方政府移交涉及职工权益的业务时,应向职工做好政策释疑。本案中,被告在移交工伤保险业务过程中,未及时向职工家属讲明移交政策和发放主体的变更,导致原告仍向被告主张发放抚恤金。因此,在铁路企业向地方政府移交铁路业务时,例如“三供一业”“住房公积金”等,应提前梳理涉及人员的名单,采取书面或电话录音的方式通知职工或其家属,讲明政策依据,重点说明铁路企业不再是业务受理或费用发放主体,自业务移交后产生的异议,应与地方有关部门进行沟通协调。

2. 妥善保管好业务移交的证据材料。本案铁路企业胜诉的主要原因是,向法院提交了《关于将中国铁路某局集团有限公司工伤保险业务移交省直管理的通知》及移交工作的记录等一系列证据材料，充分证明了从2020年7月起供养亲属抚恤金发放主体已调整为某省社保局，得到法院的认可。本案提示，在铁路企业与地方有关部门办理业务移交时，应按照民事诉讼法规定的诉讼时效进行保管相应的政策文件和书面的移交证明材料，以备诉讼之用。

【法规链接】

案件裁判法律依据：

1.《中华人民共和国民事诉讼法》(2022年1月1日起施行)

第六十七条　当事人对自己提出的主张，有责任提供证据。

当事人及其诉讼代理人因客观原因不能自行收集的证据，或者人民法院认为审理案件需要的证据，人民法院应当调查收集。

人民法院应当按照法定程序，全面地、客观地审查核实证据。

2.《最高人民法院关于民事诉讼证据若干问题的规定》(2020年5月1日起施行)

第二条　当事人对自己提出的诉讼请求所依据的事实或者反驳对方诉讼请求所依据的事实有责任提供证据加以证明。没有证据或者证据不足以证明当事人的事实主张的，由负有举证责任的当事人承担不利后果。

行政诉讼应在法定的起诉期限内提起

——杨某等人诉某市国土资源局房屋行政登记纠纷案

【案件基本信息】

原告:杨某等人。

被告:某市国土资源局。

第三人:某铁路局。

案由:房屋行政登记纠纷。

裁判文书字号:(2017)豫7102行初25至35号行政裁定书,(2017)豫71行终166至176号行政裁定书,(2018)豫行申169号行政裁定书,检察监督未下达书眉决定。

【基本案情】

原告诉称:原告杨某等人是某市某区某路的拆迁安置回迁户。2003年,原告与某铁路局下属单位某建筑段(以下简称某建筑段)签订《拆迁安置协议书》(以下简称协议书),约定回迁时按照商品房价格购买回迁房。2005年4月27日,某建筑段收回协议书,又与其签订《购房协议书》。2007年,某建筑段在案涉房屋交付使用的同时,一并将办理好的房屋产权证分发给业主。再后来,原告发现房屋产权证是经济适用房证,如上市交易,业主需要额外承担本不应承担的巨额税费。多年来,原告一直通过信访方式不断向相关部门反映,要求解决该问题,均无果。2016年底,原告发现某铁路局某房地产经营开发中心伪造购房合同,又因被告某市国土资源局疏于形式审查,违反法定程序,导致原本应当办成为商品房屋产权证办成了经济适用房产权证。为此,诉至法院,请求:依法判令某市国土资源局撤销某市房权证,为其办理新的商品房权证。

被告辩称：原告起诉已超过法定起诉期限，该房权证2007年登记颁发，距起诉相隔10年之久，原告起诉已超过诉讼时效。涉案房产使用土地属划拨用地，某铁路局与原告提交有私有房屋所有权登记申请表、身份证、经济适用住房购销合同和经济适用住房产权界定卡等材料，经审核符合登记规定，予以登记。其登记行为程序合法、适用法律法规正确。请求依法驳回原告诉讼请求。

第三人诉称：本案所涉房屋的用地是国家划拨给其作为铁路运输及住宅使用，涉案房屋是经济适用房。原告购买涉案房屋价格是经济适用房价格，也是成本价格。原告起诉已超过法定起诉期限。原告自认其2007年已领取了房权证，事隔10年起诉早已超过法定起诉期限。

法院审理查明：2007年原告已领取了被告某市国土局为其填发的房权证。该证在附记中载明：经济适用房。

【案件焦点】

案件焦点：杨某等人提起的行政诉讼是否超过六个月的法定起诉期限。

观点1：没有超过法定起诉期限。行政诉讼法规定起诉期限的目的不是要限制公民、法人或者其他组织依法享有的权利，而是在于促使其行使权利。本案中，案涉房屋权属证书制作机关在作出行政行为时，并未告知原告其起诉的权利，法律不能苛求一般公民详尽知道关于行政诉讼期限的规定，其起诉期限应当从原告知道或者应当知道日起计算六个月。因此，本案没有超过法定起诉期限。

观点2：超过法定起诉期限。行政诉讼的起诉期限不同于民法上的诉讼时效。《中华人民共和国行政诉讼法》第四十五条规定，公民法人或者其他组织直接向人民法院提起诉讼的，应当自知道或者应当知道作出行政行为之日起六个月内提出，法律另有规定除外。超过法定起诉期限且无《中华人民共和国行政诉讼法》第48条规定的起诉期限扣除、延长情形的，法院不予立案，已经立案的，裁定驳回起诉。故，本案已超过法定起诉期限。

【法院裁判要旨】

一审法院认为:

《中华人民共和国行政诉讼法》第四十六条第一款规定:“公民、法人或其他组织直接向人民法院提起诉讼的,应当自知道或应当知道作出行政行为之日起六个月内提出。法律另有规定的除外。”《最高人民法院关于执行〈中华人民共和国行政诉讼法〉若干问题的解释》第四十一条第一款规定:“行政机关作出具体行政行为时,未告知公民、法人或者其他组织诉权或者期限的,起诉期限从公民、法人其他组织知道或者应当知道诉权或者起诉期限之日起计算,但从知道或者应当知道具体行政行为内容之日起最长不得超过 2 年。”起诉应当在法定期限内提出,否则人民法院不予立案;已经立案的,驳回起诉。原告 2007 年收到案涉房权证,于 2017 年 2 月 13 日向本院提起诉讼,已超过法定起诉期限且无应当扣除时限的正当理由,其起诉应予驳回。

一审裁判结果:

2017 年 4 月 6 日,一审法院裁定驳回原告的起诉。

原告不服一审法院裁定,向某铁路运输中级法院提起上诉。

二审法院认为:

原告于 2007 年领取了涉案的房屋所有权证,该证附记中明确记载为经济适用房,加之原告新签订的购房协议书中显示的内容可以证明,其对于购买房屋的属性应当是知晓的。若原告认为房屋登记有误,应当自收到涉案的房屋所有权证之日起二年内提起行政诉讼主张权利。但其直到 2017 年 2 月 13 日才向某铁路运输法院提起行政诉讼,显已超过了法律规定的起诉期限。一审裁定驳回上诉人的起诉认定事实清楚,适用法律法规正确,依法予以维持。

二审裁定结果:

2017 年 8 月,某铁路运输中级法院裁定驳回上诉,维持原裁定。肖某不服终审裁定,向某省高级人民法院申请再审。

2018 年 7 月,某省高级人民法院裁定:驳回申请人的再审申请。

申请人不服,提起行政诉讼监督。

检察监督结果:

2021 年 3 月,了解到某省人民检察院某铁路运输分院作出不支持检察监督的决定。

【指导意义】

对办理同类案件的意义:

1. 当事人应在法定的期限内提起行政诉讼,否则将承担败诉的不利后果。《中华人民共和国行政诉讼法》对期限的规定,是行政行为确定力在行政诉讼中的制度性表现。公民、法人或者其他组织提起行政诉讼,必须在法定的期限内提起诉讼,对超过法定期限的起诉,人民法院有权拒绝办理。本案中,原告于 2007 年领取了涉案的房屋所有权证,但直到 2017 年 2 月 13 日,才向某铁路运输法院提起行政诉讼,显已超过了法律规定的起诉期限。最终,法院裁定驳回其起诉。由此案可以看出,铁路企业在处理涉及行政诉讼过程中,首先要重点关注起诉期限,及时行使自己的权利,避免不符合起诉条件被法院驳回起诉。

2. 行政诉讼中,超过法定起诉期限且没有法定的起诉期限扣除、延长情形的,视为超过法定起诉期限。《中华人民共和国行政诉讼法》规定,公民、法人或者其他组织因不可抗力或者其他不属于自身的原因耽误起诉期限的,被耽误的时间不计算在起诉期限内。公民、法人或者其他组织因以上原因以外的其他原因耽误起诉期限的,在障碍消除后十日内,可以申请延长期限,是否准许由人民法院决定。本案原告在已经超过起诉期限前提下,未能举证证明有法定扣除、延长情形,因而承担了败诉的不利后果。

对规范铁路企业经营管理行为的意义:

1. "法律不保护躺在权利上睡觉的人。"行政诉讼起诉期限及民事诉讼时效的设置旨在督促利害关系人及时行权,并非限制法定诉权。在此提示铁路企业,在需要诉讼维权时,要在法定的行政起诉期限、民事诉讼时效期间及时提起诉讼;因不可抗力或不属于自身原因耽误的,要及时向相关部门申请延长或中止,并做好证据收集整理。铁路企业在办理各类涉及职工切身利益和企业权益的事务时,亦应严格遵守法定期限、时效规定。

2. 单位出具各类单据、书面凭证时,要准确掌握法律、法规规定,力求措辞精准,严禁臆测行文。本案原告反复强调某铁路局下属单位在与其签订拆迁安置协议书时约定:"按照商品房价格购买房屋,而后又签订《购房协议书》约定购买房屋。"虽然本案中,铁路企业作为第三人并未承担不利后果,但同样警示我们,在日常管理过程中,特别是涉及职工利益时,要准确掌握法律、法规和国家政策规定,尤其要规范书写书面文字资料,避免出现文义模糊引发纠纷。

【法规链接】

案件裁判法律依据:

1.《中华人民共和国行政诉讼法》(2017 年 7 月 1 日起施行)

第四十六条　公民、法人或其他组织直接向人民法院提起诉讼的,应当自知道或应当知道作出行政行为之日起六个月内提出。法律另有规定的除外。

因不动产提起诉讼的案件自行政行为作出之日起超过二十年,其他案件自行政行为作出之日起超过五年提起诉讼的,人民法院不予受理。

2.《最高人民法院关于适用〈中华人民共和国行政诉讼法〉若干问题的解释》(2015 年 5 月 1 日起施行,现已废止)

第三条　有下列情形之一,已经立案的,应当裁定驳回起诉:

(一)不符合行政诉讼法第四十九条规定的;

(二)超过法定起诉期限且无正当理由的;

(三)错列被告且拒绝变更的;

(四)未按照法律规定由法定代理人、指定代理人、代表人为诉讼行为的;

（五）未按照法律、法规规定先向行政机关申请复议的；

（六）重复起诉的；

（七）撤回起诉后无正当理由再行起诉的；

（八）行政行为对其合法性权益明显不产生实际影响的；

（九）诉讼标的已为生效裁判所羁束的；

（十）不符合其他法定起诉条件的。

人民法院经过阅卷、调查和询问当事人，认为不需要开庭审理的，可以径行裁定驳回起诉。

3.《最高人民法院关于适用〈中华人民共和国行政诉讼法〉的解释》(2018 年 2 月 8 日起施行)

第六十四条　行政机关作出行政行为时，未告知公民、法人或者其他组织起诉期限的，起诉期限从公民、法人其他组织知道或者应当知道起诉期限之日起计算，但从知道或者应当知道行政行为内容之日起最长不得超过一年。

复议决定未告知公民、法人或者其他组织起诉期限的，适用前款规定。

出尔反尔弃诚信　贪心不足一场空

——李某等人诉某办事处行政协议纠纷案

【案件基本信息】

原告:李某等人。

被告:某办事处。

第三人:中国铁路某局集团有限公司某车站。

案由:行政协议纠纷。

裁判文书字号:(2020)豫 0191 行初 260 号行政判决书,(2021)豫 01 行终 332 号行政判决书。

【基本案情】

原告诉称:2020 年 5 月 2 日,某高新技术产业开发区管委会(以下简称某高新区管委会)发布《某站十八排房征迁公告(第 1 号)》,公告征迁范围、费用领取及各种资料要求。同日,又发布《某站十八排房征迁公告(第 2 号)》,对征迁补偿方式、补偿标准、评估方式及积极响应征迁公告、配合征迁的个人给予奖励政策等予以告知。原告李某等人的房屋在拆除范围内,涉案房屋系第三人中国铁路某局集团有限公司某车站(以下简称某车站)统一建造。因被告承诺严格按照房屋实际面积进行补偿,2020 年 5 月 11 日,出于对被告的信赖,某办事处作为征迁人、甲方与李某等征迁人代表、乙方签订《某站十八排房征迁补偿协议》。协议签订后,原告认为补偿款数额过低,要求被告依法变更并给予足额补偿,但被告拒不变更。原告在被告处取回协议时,发现协议书中房屋面积与事实不符,错将房屋实际面积 50 余平方米填写为

36 平方米，因而造成补偿款数额严重偏低。鉴于此种情况，原告通过多种途径，要求被告按照房屋实际面积进行补偿，但被告明确拒绝，严重损害了原告的合法权益，故诉至法院。请求：(1)判令被告立即向原告另行支付房屋补偿款若干（各户具体诉请数额不同不一一列举）；(2)本案诉讼费由被告承担。

被告辩称：(1)案涉协议中约定的补偿方式及补偿标准系严格按照协议签订前已公布的《拆迁公告》予以确定，被答辩人称答辩人承诺按照实际面积进行补偿与事实不符。(2)案涉载明的面积及补偿金额能够与被答辩人持有的《铁路土地使用合同书》以及其签字确认的《附属物清查登记表》《某站十八排房征迁（领条）》《某站西干道十八排房附属物领款单》相互印证，足以表明案涉协议系其真实意思表示。(3)案涉协议签订后，被答辩人不仅签字确认领取了相应的补偿款，同时也出具《空房验收单》及《自愿放弃财产保证书》，应当视为双方就补偿项目及补偿数额达成一致，并实际履行。

第三人诉称：我单位与被诉行政行为处理结果无法律上利害关系，并非适格第三人。

法院审理查明：2020 年 5 月 2 日，某高新区管委会发布征迁 1 号、2 号公告；征迁房屋位于某站西干道某排某号；征迁补偿《某站集资公助住宅平房协议书》《铁路使用土地协议书》约定的房屋面积 36 平方米，市场评估价上浮百分之三十的价格 256 354.92 元（其余户别不等）；私自加建的房屋面积若干平方米（各户面积有差别），拆工费若干元；临时安置费及其他费用一次性付清 446 884.92 元（因各户存在差异，征收补偿款额不同）不等。同时，某办事处还和被征迁人李某等人约定，每户搬迁完毕后，被征迁户提供《某站集资公助住宅平房协议书》、《铁路土地使用合同书》、《空房验收单》、《自愿放弃财产保证书》、身份证及其他相关资料，到某办事处一次性付清补偿款。2020 年 5 月 11 日，某办事处作为征迁人、甲方与原告签订《征迁补偿协议》。同日，李某等人向某办事处出具《自愿放弃财产保证书》，并在《某站十八排房征迁领条》上签字后领取相应的拆迁补偿款。2020 年 9 月

24 日,李某等 6 人以某办事处拆迁补偿面积和实际被拆迁房屋面积有误差为由,将某办事处、第三人某车站诉至法院,请求被告某办事处向其另行支付房屋补偿款 121 056 元(其他各户数额不等)。

【案件焦点】

案件焦点一:《某站十八排房屋征迁补偿协议》是否属于行政协议,是否体现了双方当事人真实意思表示,是否客观真实记载了拆迁房屋面积。

观点 1:原告李某等人与某办事处签订空白的《某站十八排房屋征迁补偿协议》,约定的条款内容不是在双方平等协商情况下签订的,未体现双方真实意思表示,不符合合法有效行政协议构成要件。被告在协议中填写的房屋面积与事实不符,错将房屋面积 50 余平方米填写为 36 平方米(其他户不再列举),严重减损了原告房屋补偿款权益,应当予以纠正,同时应向原告另行支付拆迁补偿款的差额部分。

观点 2:《某站十八排房屋征迁补偿协议》符合行政协议构成要件,是一份合法有效的行政协议。行政协议是指行政机关为了实现行政管理或者公共服务目标,与公民、法人或者其他组织协商订立的具有行政法上权利义务内容的协议。房屋征迁补偿协议中约定的条款内容是按照拆迁公告予以确定的,足以表明原告李某对协议内容是事先知悉的,在协议上签字确认,亦可表明是双方真实意思表示。案涉拆迁房屋的面积及补偿金额能够与《铁路土地使用合同书》《某站西干道十八排房附属物领款单》等书面材料相互印证,其载明的房屋面积客观真实,原告主张某办事处承诺按照实际面积补偿,没有证据证明,与客观事实不符。

案件焦点二:某办事处依据《某站十八排房屋征迁补偿协议》作出的行政行为是否违法。

观点 1:某办事处作出的拆迁补偿行为违法。本案中,某办事处在执行拆迁安置过程中,仅仅依据没有铁路部门盖章确认的《铁路土地使用合同》,错误认定房屋面积,与实际房屋建筑面积存在很大误差,客观存在减损原告补偿款利益行为和事实，其作出的行政补偿行为违法，应当予以纠正。

观点2：某办事处作出的拆迁补偿行为合法有效。本案中，某办事处严格按照《铁路土地使用合同》以及与被告协议书中载明的补偿金额履行拆迁补偿协议约定义务，被告人签字确认的领条、附属补偿领款单的各项费用相互一致。被告在协议上签字确认并领取补偿款的行为，足以表明其知悉并同意按照方案和协议约定进行补偿，应当认定某办事处作出的拆迁补偿行为合法有效。

【法院裁判要旨】

一审法院认为：

《某站十八排房屋征迁补偿协议》是被告在履行行政管理职责过程中，为实现行政管理目的与原告所签订的协议，属行政协议范畴。《某站十八排房征迁补偿方案（第2号）》明确规定，按照《某站集资公助住宅平房协议书》《铁路土地使用合同》约定的面积对原告给予补偿。某办事处与原告签订的《某站十八排房屋征迁补偿协议》符合《某站十八排房征迁补偿方案（第2号）》的规定，且被告已签字领取补偿款，被告行为符合法律规定。原告诉讼理由不能成立，其诉讼请求本院不予支持。

一审判决结果：

2021年3月，某区人民法院判决：

驳回原告李某等人的诉讼请求。

李某不服一审判决，向某市中级人民法院提起上诉。

二审法院认为：

对于涉案房屋的补偿，上诉人与被上诉人已经签订《某站十八排房屋征迁补偿协议》，按照该协议约定，上诉人的房屋36平方米，按照市场评估价上浮30%后的价格补偿，上诉人私自加盖的房屋面积若干平方米，补偿拆工费若干元。上诉人在签订补偿协议并领取补偿费用后，又主张协议对房屋补偿面积错误，理由不能成立。上诉人主张其在威逼利诱的情况下签订空白的《征迁补偿协议》，上诉人该项主张没有事实根据,本院不予支持。

二审判决结果:

2021年6月,某市中级人民法院判决:

驳回上诉,维持原判。

【指导意义】

对办理同类案件的意义:

1. 行政协议履行完毕后,又以其内容有瑕疵为由起诉的,法院不予支持。行政协议是指行政机关为了实现行政管理或者公共服务目标,与公民法人或者其他组织协商订立的具有行政法上权利义务内容的协议。行政协议依法成立并生效后,即对当事人产生法律约束力,各方都应履行协议规定的义务。本案中,李某等6人签收某办事处拆迁补偿款,行政协议已履行完毕,获得了相应的拆迁补偿。如果再出尔反尔,随意变更,不仅有失行政机关的公信力,同时也违背信赖保护的原则,不符合依法治国的要求。

2. 结合铁路土地房产特性,说明铁路企业不是该类案件的适格第三人。行政诉讼第三人,是指因同被诉行政行为或者案件处理结果有利害关系,参加到诉讼中来的当事人。本案中,铁路企业在应诉过程中,多角度向法院说明某车站作为中国铁路某局集团有限公司的分支机构,负责管辖区域铁路用地的巡察、看护,与本案不是同一法律关系,同被诉行政行为、处理结果都没有利害关系,不是适格当事人,避免了可能承担的不利后果。类案处理中可以借鉴。

对规范铁路企业经营管理行为的意义:

1. 规范铁路土地房产日常管理。鉴于铁路土地、房产特殊性,铁路企业在日常管理中,要规范管理机制和流程,尤其是涉及职工房产实际利益时,要精准掌握法律规定和政策支撑,严格依法、依规办理,避免因违规操作埋下问题隐患,给企业造成不可挽回的损失。

2. 正确运用法律手段解决历史遗留问题。涉讼铁路土地房产问题大都存在时间跨度长、涉及层面广等特点,如果仅仅依靠企业自主力量很难妥当解决,加之铁路企业没有行政管理职能,处理过程中稍有不慎就会造成群众上访、闹访,不仅损害铁路企业利益,也给当事人带来困扰。此案从另一侧面也警示铁路企业,在涉及铁路土地房产纠纷时,应善于寻求政府有关部门支持,正确运用司法手段彻底解决问题,避免久拖不决,衍生法律风险,损害铁路企业权益。

【法规链接】

案件裁判法律依据:

1.《中华人民共和国行政诉讼法》(2017年7月1日起施行)

第六十九条　行政行为证据确凿,适用法律、法规正确,符合法定程序的,或者原告申请被告履行法定职责或者给付义务理由不成立的,人民法院判决驳回原告的诉讼请求。

第八十九条　人民法院审理上诉案件,按照下列情形,分别处理:

(一)原判决、裁定认定事实清楚,适用法律、法规正确的,判决或者裁定驳回上诉,维持原判决、裁定;

(二)原判决、裁定认定事实错误或者适用法律、法规错误的,依法改判、撤销或者变更;

(三)原判决认定基本事情不清、证据不足的,发回原审人民法院重审,或者查清事实后改判;

(四)原判决遗漏当事人或者违法缺席判决等严重违反法定程序的,裁定撤销原判决,发回原审人民法院重审。

原审人民法院对发回重审的案件作出判决后,当事人提起上诉的,第二审人民法院不得再次发回重审。

人民法院审理上诉案件,需要改变原判决的,应当同时对被诉行政行为作出判决。

2.《中华人民共和国民法典》(2021年1月1日施行)

第八条　民事主体从事民事活动,应当遵循诚信原则,秉持诚实,恪守承诺。

依规支持工伤认定　维护职工合法权益

——曹某诉某市人力资源和社会保障局工伤保险资格或待遇认定纠纷案

【案件基本信息】

原告:曹某。

被告:某市人力资源和社会保障局。

第三人:中国铁路某局集团有限公司某机务段。

案由:工伤保险资格或待遇认定纠纷。

裁判文书字号:(2021)豫7101行初315号行政判决书,(2021)豫71行终525号行政判决书。

【基本案情】

原告诉称:武某原系中国铁路某局集团有限公司某机务段(以下简称某机务段)电力机车司机。2019年2月,某机务段安排某运用车间武某等160名同志前往另外某运用车间帮乘。2020年10月16日晚,武某被安排至某地乘务公寓休息待乘。次日6时左右被叫班。2020年10月17日6时26分,武某被发现从公寓坠地死亡。经某铁路公安局物证鉴定中心鉴定:武某符合高坠致颅脑损伤死亡,排除他人暴力加害致死。后曹某申请工伤鉴定。2021年1月20日,某市人力资源和社会保障局(以下简称某人社局)作出《不予认定工伤决定书》,其认为武某因工作原因遭受事故伤害和因履行工作职责意外坠落的可能性不大,故出具不予认定决定书。原告认为,武某被第三人安排至某运用车间帮乘,并被安排至某乘务公寓休息待乘,在被叫班后,发生意外。

武某被叫班后已经属于正式的进入工作中，而其发生意外地点为乘务公寓，该公寓为乘务人员指定休息的待乘区域。故武某发生意外是在工作的时间、工作的地点。另依据在某市铁路公安局物证鉴定中心出具的鉴定："武某符合高坠致颅脑损伤死亡，排除他人暴力加害致死。"以上情形符合《工伤保险条例》第十四条、第十五条之规定，武某的死亡应当被认定为工伤。综上，为维护自己合法权益，诉至法院，请求：(1)依法撤销被告某市人社局作出的《不予认定工伤决定书》；(2)本案诉讼费用由被告承担。

被告辩称：(1)被告作出的不予认定工伤决定事实清楚。(2)被告所作不予认定工伤决定适用法规正确，程序合法。请求驳回原告诉讼请求。

第三人某机务段对被告证据的质证意见同原告，对原告的证据无异议。

法院审理查明：原告曹某与武某系夫妻关系。武某是某机务段电力机车司机。2019 年 2 月，某机务段安排某运用车间武某等 160 名同志前往另外某运用车间帮乘。2020 年 10 月 16 日 4 时 38 分，武某退勤后被安排至某地乘务公寓休息待乘；17 日 6 时左右被叫醒，准备乘车前往汤阴东车站出乘；6 时 26 分左右，武某被发现坠入某维修车间院内。后被人发现后拨打 120 和 110 电话报警。120 急救人员现场确认武某已经死亡。经某铁路公安局物证鉴定中心鉴定，武某符合高坠致颅脑损伤死亡，可排除他人暴力加害致死。第三人某机务段于 2020 年 11 月 11 日向被告某市人社局提出对武某工伤认定申请，被告于 11 月 23 日作出工伤认定申请受理书并向原告及第三人进行直接送达。2021 年 1 月 20 日，某人社局作出《不予认定工伤决定书》不予认定武某为工伤，2021 年 1 月 25 日向原告及第三人进行了送达。原告不服，提起本案诉讼。

【案件焦点】

案件焦点：武某高坠致颅脑损伤死亡是否因工作原因所致，是否符合认定工伤条件。

观点1:武某高坠致颅脑损伤死亡因工作原因所致,符合认定工伤条件。武某被乘务公寓值班人员叫班属于已经进入工作状态,其发生意外地点亦在乘务公寓,符合工作时间、工作地点要求。某铁路公安局物证鉴定中心出具的鉴定显示:“武某符合高坠致颅脑损伤死亡,可排除他人加害致死。”根据《工伤保险条例》第十四条、第十五条之规定,武某意外死亡符合认定工伤或者视同工伤的情形,应当认定为工伤(视同工伤)。

观点2:武某高坠致颅脑损伤死亡不因工作原因所致,不符合认定工伤条件。经某人社局有关工伤人员调查核实,武某从某乘务公寓5楼会议室门前的推拉窗户处坠楼,其坠楼时该会议室门处于锁闭状态,且打开的窗户前装有较高的护栏,武某因工作原因遭受事故伤害和因履行工作职责意外坠落的可能性不大,其受到的伤害不符合《工伤保险条例》第十四条、第十五条之规定,不应认定为工伤(视同工伤)。

【法院裁判要旨】

一审法院认为:被告某市人社局作为本行政区域内负责工伤保险工作的行政部门,具有作出涉案工伤认定的法定职权。《工伤保险条例》第十四条第(二)项规定,工作时间前后在工作场所内,从事与工作有关的预备性或者收尾性工作受到事故伤害的,应当认定为工伤。工作时间应当是包括劳动者与工作有关的预备性或者收尾性工作,是职工根据法律法规、单位的规章制度的规定或者约定俗成的做法,是职工为了完成工作所作的准备或后续事务。工作场所是指职工往来于多个与其工作职责相关的工作场所之间的合理区域内或履行工作职责有关的合理的作业半径。《中国铁路总公司关于印发〈铁路机车运用管理规则〉的通知》(铁总运〔2015〕314号)对机车乘务员规定了强制休息制度,武某坠亡前时间节点应认定为工作时间,坠亡地点应认定为工作场所,行动范畴应视为上班即履职前的准备(预备性)工作,属于“工作原因”的范畴。

根据《工伤保险条例》第十六条规定，职工符合本条例第十四条、第十五条的规定，但是有下列情形之一的，不得认定工伤或者视同工伤：故意犯罪的；醉酒或者吸毒的；自残或者自杀的。《最高人民法院关于审理工伤保险行政案件若干问题的规定》第一条规定，人民法院审理工伤认定行政案件，在认定是否存在《工伤保险条例》第十四条第（六）项“本人责任”、第十六条第（二）项“醉酒或者吸毒”和第十六条第（三）项“自残或者自杀”等情形时，应当以有权机构出具的事故责任认定书、结论性意见和人民法院生效裁判等法律文书为依据，但有相反证据足以推翻事故责任认定书和结论性意见的除外。本案中，并没有证据证实武某坠亡系其故意犯罪或醉酒、吸毒或者自杀行为所致，某市人社局作出的不予认定工伤决定主要证据不足，本院不予支持。

一审判决结果：

2021年9月，某铁路运输法院判决：

（1）撤销被告某市人社局作出的《某市不予认定工伤决定书》。（2）被告某市人社局于本判决生效之日起60日内重新作出工伤认定决定。

某市人社局不服一审判决，向某铁路运输中级法院提起上诉。

二审法院认为：本案争议的焦点是武某死亡是否因工作原因所致。根据《最高人民法院关于审理工伤保险行政案件若干问题的规定》第一条规定，人民法院审理工伤认定行政案件，在认定是否存在《工伤保险条例》第十四条第（六）项“本人责任”、第十六条第（二）项“醉酒或者吸毒”和第十六条第（三）项“自残或者自杀”等情形时，应当以有权机构出具的事故责任认定书、结论性意见和人民法院生效裁判等法律文书为依据，但有相反证据足以推翻事故责任认定书和结论性意见的除外。本案中，上诉人提供的证据不足以排除非工作原因导致武某死亡，故其作出的不予认定工伤决定主要证据不足，一审判决予以撤销并责令其重新作出决定并无不当，本院予以维持。上诉人的上诉请求不能成立，本院不予支持。

二审判决结果:

2021 年 10 月,某铁路运输中级法院判决:

驳回上诉,维持一审判决。

【指导意义】

对办理同类案件的意义:

铁路企业应结合铁路机车乘务员职业管理特点,帮助职工及家属维护工伤认定权益。本案中,原、被告双方围绕武某是否在工作场所、工作时间、因为工作原因坠亡,应否认定工伤进行了举证、辩论,最终法院支持了原告主张,认定武某死亡应当认定工伤。铁路企业遇到此类事件,应针对铁路行业特点,从职工工作环境、内容及管理制度等方面入手,协助社保部门查明事实,准确作出认定;如因此提起诉讼,应向法院释明铁路行业特点,引导法院支持职工及家属合理诉求。

对规范铁路企业经营管理行为的意义:

1. 铁路企业应强化工作场所安全保障。此案中,铁路职工坠楼身亡的惨痛教训警示铁路企业,在职场安全管理过程中,要把职工劳动人身安全放到突出位置,做细做实安全风险预控措施。首先,要加强职工人身安全教育,引导职工养成良好工作生活习惯,规范职工日常行为;其次,要及时排查场地安全隐患,研判安全风险,制定针对性管控措施;第三,要完善紧急救助预案流程,确保发生人身伤亡事故后能够及时积极救援、就医,最大程度保障职工人身安全。

2. 依法合规帮助职工办理工伤认定。目前,我国工伤保险实行的是危险责任原则,即工作时间、工作场所(地点)和工作因素(或工作原因),我们通常称之为“工伤三要素”或“三工原则”。除此以外,还应考虑“视同工伤”情形。铁路企业遇到职工符合工伤认定情形时,应严格落实劳动人事制度,规范办理相关手续,切实维护职工合法权益,增强职工的幸福感、归属感,避免因处理不当而滋生上访、闹访或者诉讼行为。

【法规链接】

案件裁判法律依据：

1.《工伤保险条例》(2004 年 1 月 1 日起施行,2010 年 12 月 20 日修订)

第十四条　职工有下列情形之一的,应当认定为工伤：

(一)在工作时间和工作场所内,因工作原因受到事故伤害的；

(二)工作时间前后在工作场所内,从事与工作有关的预备性或者收尾性工作受到事故伤害的；

(三)在工作时间和工作场所内,因履行工作职责受到暴力等意外伤害的；

(四)患职业病的；

(五)因工外出期间,由于工作原因受到伤害或者发生事故下落不明的；

(六)在上下班途中,受到非本人主要责任的交通事故或者城市轨道交通、客运轮渡、火车事故伤害的；

(七)法律、行政法规规定应当认定为工伤的其他情形。

第十五条　职工有下列情形之一的,视同工伤：

(一)在工作时间和工作岗位,突发疾病死亡或者在 48 小时之内经抢救无效死亡的；

(二)在抢险救灾等维护国家利益、公共利益活动中受到伤害的；

(三)职工在原军队服役,因战、因公负伤致残,已取得革命伤残军人证,到用人单位后旧伤复发的。

职工有前款第(一)项、第(二)项情形的,按照本条例的有关规定享受工伤保险待遇；职工有前款第(三)项情形的,按照本条例的有关规定享受一次性伤残补助金以外的工伤保险待遇。

第十六条　职工符合本条例第十四条、第十五条的规定,但是有下列情形之一的,不得认定为工伤或者视同工伤：

(一)故意犯罪的；

(二)醉酒或者吸毒的;

(三)自残或者自杀的。

2.《最高人民法院关于审理工伤保险行政案件若干问题的规定》(法释〔2014〕9号,2014年9月1日起施行)

第一条 人民法院审理工伤认定行政案件,在认定是否存在《工伤保险条例》第十四条第(六)项"本人主要责任"、第十六条第(二)项"醉酒或者吸毒"和第十六条第(三)项"自残或者自杀"等情形时,应当以有权机构出具的事故责任认定书、结论性意见和人民法院生效裁判等法律文书为依据,但有相反证据足以推翻事故责任认定书和结论性意见的除外。

《工伤保险条例》第十六条第(一)项"故意犯罪"的认定,应当以刑事侦查机关、检察机关和审判机关的生效法律文书或者结论性意见为依据。